Herbert Frei

TAUCHREISEFÜHRER STEIERMARK

Herbert Frei

TAUCHREISEFÜHRER
STEIERMARK

Delius Klasing
EDITION NAGLSCHMID

Die Deutsche Bibliothek – CIP-Einheitsaufnahme

Frei, Herbert
Tauchreiseführer Steiermark; ein Urlaubsführer für alle Wassersportbegeisterten:
Schwimmer, Schnorchler, Taucher, Angler, Segler, Surfer, Strandwanderer
und Aquarianer / Herbert Frei. – Stuttgart, Naglschmid, Neuauflage 1995
(Delius Klasing/Edition Naglschmid: Tauchreiseführer)
ISBN 3-89594-006-2
NE: Delius Klasing/Edition Naglschmid / Tauchreiseführer

ISBN 3-89594-006-2
© Copyright 1995 by Verlag Stephanie Naglschmid, Stuttgart
Herausgeber: Dr. Friedrich Naglschmid
Titelbild: Herbert Frei/MTi-Press
Fotos: Herbert Frei/MTi-Press
Umschlaggestaltung: Buchholz/Hinsch/Hensinger, Hamburg
Druck: Kunst- und Werbedruck, Bad Oeynhausen
Printed in Germany 1995

Dieses Buch wurde auf umweltschonendem,
chlorfrei gebleichtem Papier gedruckt.

Inhaltsverzeichnis

Vorwort

Auf dem Tauchatlas ist die Steiermark für die meisten Taucher eine große Unbekannte. Es mag an der Lage liegen, denn an diesem Land fahren viele vorbei. Das ist bei näherem Hinsehen unerklärlich, denn aufgrund der geologischen Beschaffenheit großer Teile des zweitgrößten Bundeslandes von Österreich sind die Tauchgründe meist sehr klar und zum Tauchen hervorragend geeignet.

Die exponierte Lage der Tauchbasen im Norden des Landes am Erlaufsee bringt es mit sich, daß auch einige Gewässer beschrieben wurden, die in Nieder- und Oberösterreich liegen. Dem Gesamtbild des Tauchführers sollte dies keinen Abbruch tun.

Verschiedene Seen im Landesteil „Steirisches Salzkammergut" wurden bereits im Tauchführer „Salzkammergut" beschrieben. Sie tauchen hier deshalb nicht mehr auf. Wer die im Westen und Südwesten gelegenen Gewässer besuchen will, ist unter Umständen besser beraten, wenn er diese Touren von den Tauchschulen in und um Hallstatt aus startet, weil der Weg vom Tauchzentrum Erlaufsee zu weit ist.

Weitgehend unbekannt sind die Seen der südlichen Steiermark. Luft bekommt man dort nur bei der Feuerwehr. Es ist ratsam, mehrere Preßluftgeräte mitzuführen oder gelegentlich zu schnorcheln.

Taucher, die sich nicht scheuen, die Ausrüstung ein Stück zu tragen, kommen in der Steiermark in den Genuß, da zu tauchen, wo die Welt unter Wasser noch so ist, wie sie sein soll.

Die Schönheit lieben, das Unbekannte suchen, den Rummel meiden – das ist die Steiermark, Österreichs grünes Herz. Auch an Flußtaucher und Wildwasserschwimmer wendet sich dieser Führer. Wildromantische Schluchten und reißende Stromschnellen locken den Abenteurer im Neopren.

Mögen ihm die Anleitungen, Tips und Anregungen des im folgenden Beschriebenen das geben, was er als Taucher und Naturfreund sucht.

Allgemeines

Mit einer Fläche von 16.386 Quadratkilometern ist die Steiermark das zweit-
größte Bundesland Österreichs. Etwa 1,5 Millionen Menschen leben hier.
Landeshauptstadt ist Graz, die zweitgrößte Stadt der Republik nach Wien.
Große Städte sind in der Steiermark dennoch selten. Mehr als 25.000
Einwohner haben nur Leoben (etwa 42.000) und Kapfenberg (etwa 30.000).
Das Land zwischen Semmering, dem ehemaligen Jugoslawien, und dem
Dachstein hat die größte Waldfläche (fast 50 %) unter allen österreichischen
Bundesländern und wird deshalb auch das „Grüne Herz Österreichs" oder die
„Grüne Mark" genannt. Höchster Punkt ist der Dachstein (2.995 m), Bad
Radkersburg (209 m) an der ehemaligen jugoslawischen Grenze liegt 2.786 m
tiefer.
Vom Fremdenverkehr wird zumindest die nördliche Steiermark nicht
verwöhnt. Zwar gelten die Gebirgsstöcke im Norden unter den Bergsteigern
als anspruchsvoll, und auch Wildwasserfahrer bevorzugen die reißenden
Flüsse Enns und Salza als bestes Trainingsterrain, aber selbst im Sommer fährt
man mit dem Auto oft weite Strecken, ohne einem Urlauber zu begegnen.
Wirtschaftlich hängt die Steiermark am Bergbau. Eisenerz, Magnesit, Braun-
kohle, Graphit, Kalk und Salz sind die wichtigsten Fördererzeugnisse. Bedeu-
tend ist auch die Hohlglaserzeugung.
Die landwirtschaftliche Nutzung beschränkt sich hauptsächlich auf Viehzucht.
Nur im Osten und Süden wird auch Obstanbau betrieben. Einen guten Namen
hat der Wein aus dem Sausal, den Windischen Bühelen und der unteren
Krainach.
Verstärkte Anstrengungen unternehmen die Fremdenverkehrszentren, um den
Wintersport populärer zu machen. Doch das ist ein Kampf gegen Wind-
mühlen. Bundesländer wie Tirol und Salzburg haben einfach den Vorteil, daß
sie von Deutschland aus schneller erreichbar sind. Wer dagegen Ruhe, Abgeschiedenheit und vor allem Unbekanntes sucht, macht sowohl über als auch
unter Wasser mit der Steiermark ein echtes „Schnäppchen".

Unwirkliche Sichtweiten findet der Taucher
in den entlegenen Hochgebirgsseen.

Geschichte

Die ältesten Funde menschlichen Lebens in der Steiermark gehen bis 100.000 v. Chr. zurück. Noriker und Taurisker (ein Keltenstamm) verschmolzen 200 v. Chr. zu einem Volk. Das keltische Königreich Noricum entstand. Um 50 v. Chr. wurde es römische Provinz und teilweise der Provinz Pannonia zugegliedert. Die Christianisierung begann im 8. Jahrhundert durch die Bayern, die das ehemals zum slowenischen Karatanien gehörige „Steirische Land" nun dem Herzogtum Bayern einverleibten.

In den Jahren zwischen 1100 und 1250 bildeten sich in der Steiermark Kulturlandschaften mit Städten, Märkten, Klöstern und Burgen. Graz wurde Mittelpunkt der innerösterreichischen Besitzungen.

Schwer mußte die Bevölkerung bluten, als Ungarn und Türken das Land von 1418 bis 1532 in vielen Überfällen heimsuchten. Die Reformation und ein Bauernkrieg bei Schladming forderten weitere Opfer. Gegen 1800 brachen die Franzosen in der Steiermark ein. Erzherzog Johann, noch heute verehrt, heiratete 1828 die Ausseer Postmeistertochter Anna Plochl. Diese Heirat war ein Gewinn für das ganze Land. Er förderte Landwirtschaft, Bergbau und Gewerbe. Auf der Grundlage von Eisenerz und Kohle vollzog sich eine gewaltige Industrialisierung, die erst mit dem Ausbruch des 1. Weltkrieges (1914) gebremst wurde.

Gebiete der Südsteiermark wurden 1920 aufgrund des Friedens von St. Germain an das ehemalige Jugoslawien abgetreten. Slowenisch wird auch heute noch vereinzelt in den Grenzorten zum ehemaligen Jugoslawien gesprochen. Teil des Großdeutschen Reiches war die Steiermark von 1938 bis 1945. Im April 1945 eroberten sowjetische Truppen das Land. Bis 1955 stand die Steiermark dann unter britischer Besatzung.

Das Klima

Die im Salzkammergut liegenden Landesteile haben die größten Niederschläge (Altaussee etwa 170 Regentage pro Jahr). Im Norden am Erlaufsee, wo die Tauchbasis von Harry Teltschik liegt, ist das Wetter gemischt. Der Autor kann aber hier bestätigen, daß auch bei mehreren Aufenthalten nie einer völlig verregnet war. Immer war Tauchen und Wandern möglich. Kalt wurde es im Sommer selbst während einer feuchten Woche nicht. Trotzdem ist warme Kleidung empfehlenswert, denn der Erlaufsee liegt über 800 m hoch.

Blick auf den Erlaufsee.

Wo sich der pannonische Einfluß bemerkbar macht (Grenze zum Burgenland und zum ehemaligen Jugoslawien), gehen die Niederschläge zurück. Bad Radkersburg im Süden hat beispielsweise nur noch 100 Regentage im Jahr.

Zu den kältesten Gebieten Österreichs zählen das obere Murtal und das Gesäuse im Ennstal. Minus 30 °C sind im Winter dort keine Seltenheit.

Zu den wärmsten Gegenden Österreichs gehört der Südosten (Burgau bis Bad Radkersburg), aber die längste Sonnenscheindauer haben die Aflenzer Terrassen sowie die Gebiete Murau und Ramsau.

Über der Steiermark stehen fast täglich Wolken. Das sollte Sie nicht stören. Fotografen gewinnen dem eine herrliche Staffage bei Landschaftsaufnahmen ab. Das relativ ausgewogene Klima bekommt auch Kleinkindern und Menschen mit empfindlicher Haut. Der Erholungswert in einem solchen Gebiet ist zudem ungleich höher als in einem Land, wo die Sonne nur so vom Himmel knallt.

Der Hochschwab

Die Entstehung des Hochschwabmassivs liegt mehr als 200 Millionen Jahre zurück. Fossile Reste beweisen, daß hier einstmals Meer war. Kalkalgen, Korallen und Muscheln sind im allgemeinen typische Versteinerungsformen, die man als Steinesammler noch in großer Zahl finden kann.

Schon von weitem bemerkt man die hellen, schroffen Kalkwände. Geologisch wird der Hochschwab den nördlichen Kalkalpen zugeordnet. Unter einer mächtigen Kalkschicht breiten sich zudem Tonschiefereinlagerungen aus, die das Regenwasser in die Quellen der Hochschwabseen leiten. Insgesamt ist das Massiv etwa 590 Quadratkilometer groß.

Im Bereich von Sonnscheinalm und Sackwiesensee stößt der aufmerksame Wanderer immer wieder auf kristalline Schotter, vorwiegend Quarzschotter. Einem alten Aberglauben zufolge nennt man sie Augensteine, weil sie angeblich eine Heilwirkung bei Augenleiden haben sollen.

Die Verkarstung ist ein typisches Merkmal aller Kalkgebirge. Dolinen, Schächte und Höhlen entstehen durch die lösende Wirkung einsickernden Wassers. Der Hochschwab ist besonders reich an unterirdischen Formen der Verkarstung, an Höhlen, Rinnen, Gängen und Grotten. Jegliches Fehlen von Bächen oder Flüssen an der Oberfläche kennzeichnet den Karst. Das im ganzen Gebirgsstock vorhandene Gesteinsfugennetz nimmt das eindringende Wasser auf. Über Syphone und Schächte stürzt das Wasser in tiefere Etagen, um auf verschlungenen Wegen in den bekannt starken Karstquellen zu enden. Von den ca. 2.000 existierenden Höhlensystemen sind rund 20 % erforscht, aber nur sieben sind für den Höhlenwanderer begehbar. Alle anderen erfordern fachliche Kenntnisse und eine expeditionsmäßige Ausrüstung. Vor Alleingängen wird gewarnt! Mehr als zehn Menschen mußten bisher ihren Leichtsinn mit dem Tode in den verzweigten Systemen des Hochschwabs bezahlen.

Die hydrogeologische Bedeutung des Hochschwabmassivs wird dadurch unterstrichen, daß über die Hochquellenleitungen mehr als 50 % des Trinkwassers für die Millionenstadt Wien abgezogen werden. Mit die größten Quellen Europas sprudeln im Hochschwab.

Mit dem Bau der Wiener Hochquellenleitung gelang den Wassertechnikern eine ingeniöse Glanzleistung. Über ein 30 %iges Gefälle fließt das Wasser mit einer Laufdauer von 24 h ohne Pumpe bis nach Wien. Der Hochschwab gilt als letzte Trinkwasserreserve der Wiener. Im Zuge eines weiteren Ausbaus der Hochquellenleitung soll Wien irgendwann einmal ganz vom Hochschwab mit Wasser versorgt werden. Die Landesregierung der Steiermark hat die ökologische und wirtschaftliche Bedeutung dieser Wasservorkommen erkannt und den Hochschwab unter das Wasserschutzgesetz gestellt. An viele Seen des

Hochschwabs gelangt man deshalb nur zu Fuß, weil Schranken und Fahrver-
botsschilder die Mobilität mit dem Auto einschränken.
Da die höchsten Erhebungen nur wenig mehr als 2.200 m aufragen, befinden
sich die Hochflächen teilweise immer noch in einer Zone, die Waldbestand,
zumindest aber Latschenbewuchs zuläßt. Im Hochschwabstock herrschen
vielfältige Waldverhältnisse. Das war aber nicht immer so.
Im Mittelalter nahm die Ausbeutung der Wälder zur Holzkohlengewinnung
errosive Züge an. Der Holzbedarf in den Städten und beim Bergbau stieg so
drastisch an, daß ganze Bergflanken kahlgerodet wurden. Ursächlich beteiligt
war später auch die Almwirtschaft mit ihrer Beweidung und Verlichtung.
Moderne forstwirtschaftliche Methoden schufen zwischenzeitlich eine
multiple Waldcharakteristik mit Buchen, Tannen, Fichten, Lärchen und
Zirben. Allerorts gedeihen Heidelbeeren und andere Waldfrüchte.
Forscher haben Mühe, die Tierwelt des Hochschwabs umfassend zu
beschreiben, weil noch gar nicht alle Lebewesen bekannt sind. Neben den
Wirbeltieren gibt es eine Unzahl von unscheinbaren wirbellosen Bodentieren
und solchen, die in Höhlen und Gewässern der vernetzten Wassersysteme
leben. Die hochgelegenen Moore und Lacken sind Refugien für Molche, Sala-
mander, Kröten und Frösche.
Igel trifft man bis zur Baumgrenze. Hingegen sind Maulwürfe noch in den
Grasheiden der alpinen Stufe aktiv. Hier oben leben auch das Schneehuhn, das
seltene Steinhuhn (*Alectoris graeca*), Gemsen, Schneemaus, Schneefink,
Steinadler und die vom Aussterben bedrohten Blaumerlen (*Monticola solita-
rius*) und Steinrötel (*Monticola saxatilis*), Vögel, die kaum jemand kennt.
Die letzten Luchse wurden 1809 erlegt, die letzten Wölfe 1857. Bären wurden
bereits zwischen 1600 und 1800 ausgerottet. Biber, Fischotter und Bartgeier
hat der nach dem 2. Weltkrieg entwickelte Trophäenkult ausgelöscht. Wieder-
einbürgerungen haben leider nicht stattgefunden.
Fast eine eigene Art von Gewässern bilden die Hochschwabseen. Das kalk-
haltige Wasser ist oft extrem klar, immer sehr kalt und manchmal mit einem
hohen Sauerstoffdefizit versehen. Nicht überall kommen Fische vor. In
kleinen Lacken gibt es nur Lurche und Käferlarven. Die Sichtweiten sind teils
extrem gut, für die UW-Fotografie schlicht ideal. Eintrübungen gibt es nur
nach schweren Unwettern und während der Schneeschmelze.
Wegen der Höhe ist der Bestand an Wasserpflanzen gering, aber Schleimalgen
gedeihen im eisklaren Naß zu bizarren Gebirgen und überzuckern oft die
gesamte Uferzone. Ausgesprochen reizvolle Tauchstunden erlebt man, wenn
die Uferzonen mitsamt den Wanderwegen überschwemmt sind und die Vegetation unwirklich von Algen eingehüllt ist. Eine märchenhafte Stimmung
macht sich breit, die alle Strapazen vergessen läßt, die man auf sich
genommen hat, um an die entlegenen Seen zu gelangen.

Bäume am Ufer bilden eine fotografisch interessante Kulisse.

In den Salmonidengewässern erblickt man oft faszinierende Landschaften.

Transparenz ohnegleichen in einem Quellsee.

Uferlandschaft in den Salza-Altwassern.

Servus in Graz

Als Stadt ist Graz in sich fast ein Widerspruch. Mit über 240.000 Einwohnern hält sie den Rang als zweitgrößte Stadt Österreichs, ist Zentrum wirtschaftlicher Macht und Kultur, geistiger Nährboden für Wissenschaft, Kunst und Musik (gilt als europäische Jazz-Hauptstadt) und doch romantisch, verträumt und natürlich geblieben. Vor 900 Jahren erstmals urkundlich erwähnt, präsentiert sich Graz heute als historischer Magnet mit der vielleicht besterhaltenen Altstadtkulisse Mitteleuropas. Arkaden, winkelige Gassen, malerische Hinterhöfe, verspielte Treppen, kunstvoll verzierte Häuserfassaden und geheimnisvolle Hausvorsprünge, hinter denen liebevolle Überraschungen auf Entdeckung warten. Aufmerksamen Besuchern bleibt deshalb nicht verborgen, daß beim Uhrenturm Minuten- und Stundenzeiger vertauscht sind. Absicht oder Versehen? „Tempus Fugit", aber in den alten Gassen vergeht die Zeit eben ein bißchen anders.

Aus Graz stammen beispielsweise Muskelmann Arnold Schwarzenegger, Catcherweltmeister Otto Wanz, die ehemalige Miss Unterwasserwelt Gilda Wüst und Adam Rainer, einer der seltsamsten Menschen, der je auf diesem Planeten wohnte. Geboren 1899, war er mit 21 Jahren erst 118 cm groß, maß aber im Jahre 1931 bereits 218 cm. Dieses Riesenwachstum schwächte ihn so sehr, daß er ab diesem Zeitpunkt bettlägerig war. Als er 1950 starb, betrug seine Körperlänge 234 cm. Bis heute nachweislich der einzige Mensch, der Zwerg und Riese zugleich war.

Trotz seiner baulichen Größe ist Graz eine grüne Stadt geblieben. Viele Parks, Grünanlagen und der bewaldete Schloßberg laden zum Verweilen und Erholen ein. Währenddessen windet sich die Mur ringförmig durch die Stadt.

Drei Universitäten werden von über 30.000 Studenten besucht, 6 Nobelpreisträger und der Astronom Johannes Keppler lehrten hier, bahnbrechende Entwicklungen in der Laser-Chirurgie wurden in Graz entwickelt, Automobiltechniker erlangten Weltruhm mit ihren Verbrennungsmaschinen. Die Grazer Messe gilt international als Drehscheibe für viele Märkte in West und Ost. Außerhalb der Stadt liegt das weltberühmte Gestüt „Piper", die Wiege der schneeweißen Traumpferde, deren circensische Sprünge und Gangarten in der Spanischen Hofreitschule in Wien ihren Höhepunkt finden.

Und nicht zu vergessen: In der Grazer Universitätsklinik steht Europas größte Decokammer. Tel. 0316-385-2205 oder 0316-385-2795.

Wirtschaftlicher Fortschritt bringt auch Einschnitte mit sich. Die Autobahn bohrt sich wie ein Stachel in das Erdreich unter der Stadt, die Industrie fordert ihren Tribut. Doch fragt man die Grazer, in welcher Stadt sie denn leben, erhält man oft zur Antwort: „Sowohl in der größten Kleinstadt, aber auch in der kleinsten Großstadt Österreichs, so genau kann man das nicht sagen!"

Peter Rosegger – der große Sohn der Steiermark

Hoch oben in Alpl auf einem Bauernhof wurde er am 31. Juli 1843 geboren, verlebte dort seine Jugend und ging mit 17 Jahren bei einem Schneider in die Lehre. In der Einfachheit des ländlichen Lebens mit all seinen Höhen und Tiefen konnte der Waldbauernbub die Schule nur unregelmäßig besuchen. Ein arbeitsloser Wanderlehrer brachte ihm die Grundbegriffe des Lesens und Schreibens bei. Nach heutigen Maßstäben gerechnet entsprach das dem Wissensstand eines Zweitkläßlers.

Doch die Natur hatte den kleinen Peter mit besonderen Gaben bedacht. Autodidaktisch ein Phänomen, brachte er sich Schreibkunst, Stil, Orthographie und Interpunktion selbst bei. Der begnadete Junge verfaßte schon früh Gedichte, Erzählungen und Kurzgeschichten. Unterstützung fand er in seiner Mutter, einer einfachen, aber phantasievollen Bergbäuerin.

Sein Geburtshaus, der Kluppeneggerhof, 1.200 m hoch gelegen, mußte 1868 wegen hoher Verschuldung versteigert werden. Rosegger, damals erst 25 Jahre, noch relativ unbekannt und mit wenig Barmitteln versehen, konnte die Tragödie nicht verhindern. Seine Eltern mußten den Heimathof verlassen. Das Gebäude steht heute unter Denkmalschutz.

Kein Lesebuch, in dem er nicht vertreten ist, kein Buchhandel, in dem sein 40-bändiges Opus nicht wenigstens in Teilen im Regal steht. Kaiser und Könige ehrten ihn, Bücher von ihm wurden sogar ins Hindi übersetzt, und die Universitäten Heidelberg, Wien und Graz verliehen ihm die Ehrendoktorwürde. 1913 verhinderten nur politische Intrigen seine Ernennung zum Nobelpreisträger. Wer seine Werke zwischen den Zeilen zu lesen vermag, findet auch den anderen Rosegger. Einen, der schon früh nicht nur den Segen der Industrie erkannte, sondern auch deren Nachteile. Konsumverzicht und Umweltschutz, diese Worte gab es damals noch nicht, und doch hat er sie gebraucht.

Wie würde er sich wundern, sähe er heute, was Fremdenverkehr und Dichterverehrung aus seiner Waldheimat gemacht haben. Neben Rosegger T-Shirts verhökern die geschäftstüchtigen Alpler Waldheimat-Taschen, Roseggerpostkarten und Gedichtbände. Ein einziger Alpler betreibt noch die Landwirtschaft ausschließlich als Beruf. Alle anderen leben entweder ganz oder teilweise vom Fremdenverkehr der Roseggermanie.

Seinen Landsleuten war er zeitlebens ein Rätsel, den Menschen, aus deren Mitte er stammte, sogar unheimlich. Einer, der mit Schreiben seinen Lebensunterhalt verdiente, weil er für die Bauernarbeit zu schwach war – das hat nicht einmal der eigene Vater verkraftet.

Es gäbe noch viel zu berichten, sowohl über das Wunderkind aus der Waldheimat, als auch über den gespaltenen und widersprüchlichen Rosegger, der als Katholik eine Spendenaktion für eine evangelische Kirche im erzkonservativen Mürztal ins Leben rief. Oder über den Dichter, der zu einer Zeit, als dieser Gedanke noch völlig absurd war, einen Aussteigerroman schrieb. Vielleicht wird man das Geheimnis des Peter Rosegger nie ganz lösen, der selbst einmal schrieb, daß er sich unter den Lebenden eigentlich immer als Fremder gefühlt habe. Rosegger starb am 26. Juni 1918 in Krieglach. Ein Bergbauernjunge aus Alpl in der Steiermark wurde Österreichs bekanntester und bedeutendster Volksschriftsteller und Dichter.

Eisenerz

Es gibt wohl kaum eine Stadt in Europa, die wirtschaftlich und kulturell so vom Berg abhängig ist, an dem sie liegt.
Der Erzberg, ursprünglich 1.532 m hoch, zwischenzeitlich über 62 m abgetragen, ist die Lebensader nicht nur von der Stadt Eisenerz, sondern der gesamten Region. „Streirischer Brotlaib" wird der Erzberg genannt, dessen Spateisenvorkommen das größte in Europa ist und das bis zu 34 % Erzgehalt hat. Schon die Römer bauten hier im 3. Jahrhundert Eisen ab; erstmals erwähnt wurde der Bergbau um 712 n. Chr.
Fährt man durch Eisenerz, so spürt man fast körperlich die drückende und alles beherrschende Macht des Eisenberges; pastellfarben, mit vielen rötlichen Furchen durchzogen, eine gewaltige Spateisenpyramide, seit Jahrhunderten die Existenzgrundlage Tausender von Familien.
Und die Angst geht um, denn der Bergbau im allgemeinen steckt in der Krise. Stirbt der Erzberg, stirbt Eisenerz.
Gefördert wird in 23 Abbaustufen von je 24 m Höhe im Tag- und Grubenbau. Riesige Lkw-Kolonnen kriechen über die Serpentinen zu den Verladestationen. Früher war das reine Knochenarbeit. Was für Kerle müssen das gewesen sein, die pro Tag einen 60 kg schweren Fülltrog 600mal in die Loren gehoben haben?
Deutsche Kolonisten sollen es übrigens gewesen sein, die sich hier als Eisenbauern niederließen und das berg- und hüttenmännische Leben entfalteten. Die bewegte Geschichte von Eisenerz ist außerdem gekennzeichnet durch Glaubenskriege und Knappenaufstände.
Der Leopoldsteinersee ist nicht weit, zusammen mit dem Erzberg ist er die Zugkraft für die Fremden. Doch mit dem Fremdenverkehr, der neben dem Erz als weitere Erwerbsquelle angepeilt wird, stehen die Bergleute noch auf Kriegsfuß. Wenn Fremde kommen, wird das Leben teurer, und das kann ein arbeitsloser Kumpel am wenigsten gebrauchen.

Das Rosegger-Geburtshaus steht heute unter Denkmalschutz.

Steirischer Brotlaib wird der Erzberg bei Eisenerz genannt.

Noch ein kurzer Exkurs in die Geschichte. Die selbstbewußten Knappen schlossen sich, auch dank ihrer besseren Ausbildung, früh den reformatorischen Bewegungen an. Schon im 16. Jahrhundert waren sie privilegiert und sich ihrer wichtigen Stellung (Eisen für Kriegsgeräte) bewußt. Sie setzten die 40-Stunden-Woche und verschiedene Feiertage vor fast 400 Jahren durch. Selbsthilfeorganisationen regelten die Versorgung der Alten, Hinterbliebenen und Kranken. Auch Schulen und Lehrmeister finanzierten die Bergleute. Das hohe Ansehen dieses Berufsstandes konnte trotzdem das ärmliche Leben, welches zudem im Bergbau ständigen Gefahren ausgesetzt war, nicht überdecken. Später, als ihre Interessen den Gewerkschaften übertragen wurden, verloren sie viele Privilegien, darunter auch die Befreiung vom Militärdienst. Eisenerz besitzt ein sehenswertes Bergmuseum (geöffnet vom 31. Mai bis 31. Oktober) und Österreichs einzige intakte Wehrkirche, die Pfarrkirche St. Oswald. Wahrzeichen der Stadt ist der Schichtturm, der den Schichtwechsel am Berg einläutet.

Was man wissen und beachten sollte

Die Steiermark ist stellenweise ein unberührtes und somit ökologisch noch weitgehend intaktes Bundesland. Jedenfalls in den abgelegenen Gebirgsregionen. Eine vielfältige Pflanzenwelt wird Ihnen auf dem Weg zu den abgelegenen Tauchgewässern begegnen. Die unbeschreibliche Schönheit, Vielfältigkeit und Farbenpracht der Bergblumen mag so manchen Naturfreund entzücken und ihn gleichzeitig dazu verführen, die floristischen Kleinode (z. B. Edelweiß) als Andenken mitzunehmen.
Zügeln Sie Ihren Sammeltrieb, die meisten Blumen stehen unter Naturschutz! Der wahre Naturfreund erfreut sich an der lebenden Pflanze, fotografiert sie höchstens. Was seit Tausenden von Jahren klimatisch angepaßt und lokal gewachsen ist, darf nicht durch Gedankenlosigkeit und Unverständnis einiger weniger in kürzester Zeit ausgerottet werden. Taucher, auf dem Weg in die Einsamkeit der eisklaren Bergseen, sollten die letzten sein, die sich zu solchen unverständlichen Handlungen hinreißen lassen.
Informieren Sie sich über die schützenswerten Arten wildwachsender Pflanzen. Zeigen Sie nicht nur verbal, sondern auch praktisch, daß Umweltschutz für Taucher kein leeres Wort ist!

In der Brachsenregion bilden die Wasserpflanzen oft regelrechte Wälder.

Die Wunder der Steiermark

Unbekanntes und Geheimnisvolles erwartet den, der abseits der gängigen Touristenrouten seinen Entdeckerdrang stillen will. Die steirische Wildnis gehört zu den letzten Naturwundern Österreichs. Niemals kennt man ein Land, wenn man es nur mit dem Auto durchfahren hat und in den größten Städten war. Aber man betritt oft ein Dorado der Abenteuer, verläßt man die markierten Wege.

Wie fremd diese Steiermark selbst den Einheimischen ist, erfährt man, wenn ein Scout gesucht wird. Nur gut ein bis zwei Dutzend Menschen kennen beispielsweise die Dachsteinwüste.

Die Dachsteinwüste:
Österreichs größte naturbelassene Landschaft liegt hinter dem Dachstein im Steirischen Salzkammergut. 100 Quadratkilometer weit kein Haus, keine Straße, weder Wanderwege noch Menschen. Touristen sind so selten wie der Treffer im Lotto, einigen Schafhirten begegnet man an der Peripherie, im Innern gibt es streckenweise nicht einmal Bäume.

Aber über die sonnenbeschienenen Karstfelder springen Gemsen und Steinböcke ungestört von jeglichen Eindringlingen, in der Luft stehen Steinadler, bereit zum Sturz auf die Beute, in den Felsen liegen Schlangen, Murmeltiere pfeifen in der Einöde.

Notgasse wird eine gigantische Schlucht genannt, in der es Felsritzzeichnungen aus der Römerzeit und den Jahren nach dem 2. Weltkrieg gibt. Früher soll die Schlucht als Handelsweg gedient haben. Dann geriet sie in Vergessenheit. Bis hierher gelangt man noch relativ problemlos. Wer weiter will, muß ein begnadeter Pfadfinder sein, ohne Führer geht nun nicht mehr viel. Einzige Orientierungsmöglichkeit ist die Sonne. Bei schlechtem Wetter, Regen, Nebel oder gar wenn Schneefall angesagt ist, machen selbst Karstexperten einen Rückzieher – niemand kann dann noch sagen, wo man sich befindet. Wer sich verirrt, spielt mit dem Leben. Wasserlöcher sind selten.

Aus dem Bärenloch, einer hochgelegenen Höhle im Dachsteinkar, hat man einen weiten Rundblick, der einen klein, verlassen und unbedeutend in dieser menschenfeindlichen Wildnis vorkommen läßt.

Wer kennt die Hügel, nennt die Täler? Namenlose Geländeformationen, endlos reichende Fels- und Geröll-Wüsten... Wanderer, wo bleibt deine Orientierung? Hochgelegene Latschenfelder ohne gangbaren Weg und immer wieder Höhlen, die noch nie ein Mensch betreten, geschweige denn erforscht hat. Durch den Karst arbeitet man sich vor, Wanderung kann man das nicht mehr nennen. Nach 10, 12 oder gar 15 Stunden findet man sich erschöpft am Ausgangspunkt wieder ein und hat doch nur einen Bruchteil der Wüste am Dachstein gesehen.

Die Raabklamm:
Zwischen Mortantsch und Grillbichl erstreckt sich die unregulierte Schönheit
einer faszinierenden Flußlandschaft, eine Wildnis aus Geröll, Felsbrocken und
dem Restwasser der Raab.
In unzähligen ausgewaschenen Tümpeln und Gumpen gedeiht eine faszinierende Flora und Fauna. Wuchernde Wasserpflanzen, glitzernde Fischlein,
seltene Amphibien und Käferlarven bilden eine Lebensgemeinschaft, wie sie
in der eigentlichen Raab nicht mehr vorzufinden ist. Industriegewässer und
Flußregulierungen haben die Lebensader der Oststeiermark, wie die Raab
genannt wird, nicht immer zu ihrem Vorteil verändert.
Glasklar fließt dagegen der Oberlauf, er hat Trinkwasserqualität. Naturfreunde
und Hobbyfotografen können am Fluß spazierengehen. Zwar ist der Weg nicht
immer so gangbar, wie man sich das mit der Fotoausrüstung wünscht, aber hier
ist halt die Restwasserwildnis, also das, was der Fluß zurückgelassen hat,
bevor er in einem unterirdischen Stollen verschwindet, um anderswo als
benutzte Wasserkraft wieder zur Oberfläche zu gelangen.
Das Restwasserflußbett der Raab ist für UW-Fotografen ein bleibendes
Erlebnis. In den wassergefüllten Kuhlen kann man mit der Badehose tauchen
(Gerät ist nicht erforderlich!). Die Temperatur ist noch erträglich, die Sicht
umwerfend. An diesen Fleckchen ist auch der Eisvogel nicht weit. Eine kleine
Insel teilt den Fluß, man ist allein. Natur, wie es sie nur noch selten gibt.

Der Heidentempel:
In der Nähe der Stadt Köflach in der Weststeiermark findet man mit die
größten Höhlensysteme des Landes. Über 100 Höhlen durchziehen die Berg-
stöcke von Hauskogel und Zigöllerkogel. Sie sind weitgehend unerforscht und
sagenumwoben. Im Zigöllerkogel soll ein riesiger See in einer gewaltigen
Tropfsteinhalle liegen. Sein pechschwarzes Wasser und auch die schwarzen
Fische werden eines Tages über die Menschen im Tal hereinbrechen, wenn
diese nicht besser als heute werden. Soweit die Sage.
Einen See gibt es im Zigöllerkogel vermutlich nicht, aber eine Kultstätte aus
der Römerzeit, den Heidentempel, eine 200 m lange Höhle mit Fledermäusen
und Höhlenspinnen. Amateurforscher, Plünderer und Vandalen haben den
Heidentempel in früheren Jahren gnadenlos ausgeraubt. Keramiken, Münzen
und antike Waffen gerieten in unbefugte Hände, verschwanden in Hobby-
räumen und Partykellern. Vier Heidenköpfe aus der Römerzeit wurden 1966
von modernen Raubrittern aus dem Fels geschlagen. Zum Glück konnte ein
Kopf für das örtliche Stadtmuseum gerettet werden. Die anderen
verschwanden spurlos. Ein unersetzlicher Verlust für die Wissenschaft.
Schuld an den räuberischen Grabetätigkeiten mag auch eine Legende haben,
nach der die Heiden ihren Götzendienst im Scheine einer goldenen Lampe
gefeiert haben sollen. Die Lampe soll Teil eines riesigen Schatzes sein, der hier

angeblich immer noch vergraben liegt. Altrömische Münzen, Ringe und Knochen haben die Phantasie so mancher Plünderer angeregt. Die Gänge und Höhlensysteme mit ihren Verzweigungen und Labyrinthen sollte man nicht alleine betreten. Auskünfte erteilt der Köflacher Höhlenkundeverein. Ein faszinierendes Stück Natur erwartet Sie.

Die Salza-Schluchten:
Ungebändigt wälzt sich die Salza, Österreichs Kajak-Fluß Nr. 1, durch eine der schönsten Flußlandschaften Europas. Mit sogenannten Rafting-Schlauchbooten, eine Art Floß aus Gummi und Kunststoff, versuchen sich immer wieder Abenteurer an der Kraft der Salza. Die Erlebnisse geben die Wildwasserfahrer dann in echtem Raftingsteirisch, einer Mischung aus Jägerlatein und Dichtung, in den umliegenden Wirtshäusern zum besten. Nackte Raftingfahrer werden gelegentlich von der Gendarmerie mit Strafpauschalen belegt.
Von außen sind die Salzaschluchten nicht zugänglich. Entweder erkundet man sie vom Boot aus oder man läßt sich im Neopren dahintragen. Geschätzte 40 m tief fallen die Felswände zur Salza hinab. Kleine Bäume und Büsche haben sich an den Flanken festgekrallt, Wind und Wetter trotzend. Bei Erzhalden, wo die Salza einen engen Knick macht, mündet der Fluß in eine wahre Traumlandschaft.
Kein Wanderer, kein Spaziergänger, kaum ein Jäger hat die Salza von dieser Seite gesehen. Nur vom Flußbett aus sind die zerfressenen und zerfurchten Felsen zu erkennen. Teils gräbt sich die Salza in die Breite, so daß tiefe Einschnitte und Unterspülungen entstehen. In den klaren Fluten flitzen Äschen und Forellen umher. Eine steirische Wildnis zum Verlieben. Hoch über den Hängen windet sich eine Verbindungsstraße, kaum daß man sie erkennen kann. Winzig und unbedeutend kommt man sich vor. Unendlich fern erscheint hier unten die Zivilisation.

Das Dachsteinloch:
1886 entdeckten oberösterreichische Höhlenforscher den Einstieg zu einer der größten Höhlen am Dachstein. Verschlungene Pfade, Gänge und nahezu unüberwindbare Hindernisse verhinderten bis heute deren totale Erforschung. Bequem ist der Weg nur die ersten 100 Meter, dann muß man auf dem Bauch robben, das Gesicht im Schlamm. Eisplatten, Tropfsteinformationen und natürliche Felsreliefs sind der Lohn für stundenlange Strapazen.
Über 5.000 m Höhlengänge sind etwa erforscht, doch ein Ende ist nicht abzusehen. Wie ein Schweizer Käse tun sich den Höhlenforschern immer neue Verzweigungen und Spalten auf. Gut zwei Dutzend Stunden muß man ansetzen, will man nur einen Teil dieses Irrgartens kennenlernen. Im Ramsauer Dom, einer gigantischen Halle im Berg, 70 m hoch, steht der Mensch klein und fassungslos da. Hin und wieder finden hier auf Veranlas-

sung des Vereins der Schladminger Höhlenforscher Gedenkmessen für verunfallte Höhlenforscher statt.

Das Dachsteinloch darf niemals allein betreten werden. Ein Labyrinth, das schon so manchen Halbschuhtouristen zum Verhängnis geworden ist. Deshalb: niemals ohne sachkundigen Führer einsteigen.

Vor dem Höhlenvergnügen liegen allerdings noch einige Stunden Wanderung bis zum Mitterstein. In 1.890 m Höhe beginnt dann der Einstieg in die lichtlose und schweigende Welt des Dachsteins.

Die fallenden Wasser von Palfau:
Niemand kennt das Geheimnis des Wasserlochs. Zwischen Wildalpen und Palfau stürzen aus einer Felsöffnung die größten Wasserfälle der Steiermark ins Tal. 400 m beträgt der gesamte Höhenfall, unterbrochen durch 23 Stufen, 160 m mißt die höchste.

Paradoxerweise sprudeln die Wassermassen gerade dann ausgiebig zu Tal, wenn es lange nicht geregnet hat. Festgestellt hat man bis jetzt nur, daß das Wasser aus dem Berginnern durch eine fast kreisrunde Felsröhre nach oben gedrückt wird. Doch wo es herkommt, ist ungeklärt. Fast 50 m drangen Wissenschaftler mit Tauchgeräten in den Wasserschlund, doch ein Ende war nicht sichtbar.

Das Naturschauspiel kann durch ausgebaute Wege bequem erreicht werden. Die Gemeinde Palfau hat diesbezüglich Pionierarbeit geleistet, leider ist dabei auch etwas von der Wildromantik vergangener Zeiten verloren gegangen.

Früher war das Aufsuchen der Palfauer Wasserfälle eine riskante Klettertour, bis zu den Hüften stand man in eisigem Wasser, auf glitschigen Steinen balancierend. Weit oben in der Abgeschiedenheit haust noch ein Eremit in einem von Gras und Bäumen halb zugewachsenen Holzhaus. Unaufhaltsam dringt die Zivilisation in diese Einöde vor. Nicht immer zum Wohle der Natur.

Bromriesen:
Nahe Schladming, im Obertal, liegt das ehemalige Silberbergwerk Bromriesen. Eine vergessene Welt, tief unter der Erde. Hunderte von Metern durchziehen Gänge und Schächte den Berg.

Manche der Einheimischen sagen, daß Bromriesen eigentlich gar nicht in der Steiermark liegt, ja vielleicht nicht mal in Österreich. Das Tal, der unscheinbare Einstieg in den Berg, liegen so abgeschieden und versteckt, daß man als Ortsunkundiger mehrmals nach dem Weg fragen muß.

Schladming, Austragungsort alpiner Wettbewerbe, war früher eine Bergwerkstadt. Noch im 14. Jahrhundert lebten hier über 10.000 Menschen. Allein 2.000 davon waren Knappen, wie man die Bergleute nannte.

Mit ihrer Hände Arbeit schlugen die Bergarbeiter Meter für Meter aus dem Berg. Ein Labyrinth unzähliger Stollen entstand. Nur 40 Jahre betrug das

Bizarre Algenteppiche im Lunzer Obersee.
Im Wienerbruck-Stau bestehen die Uferzonen stellenweise aus Geröll und
Felsbrocken.

Auch das gibt es: gelbe Schleimalgen im Borsee.
Hier trat ein See über das Ufer und überschwemmte die dahinterliegenden
Landpflanzen.

durchschnittliche Alter der Silberbergleute. Staublungen und Unfälle dezimierten die Belegschaft.

Bromriesen ist offiziell nicht zugänglich. Ein Stahlgitter verschließt den Eingang. Unvorsichtige könnten sich auf Nimmerwiedersehen verirren, Vandalen und Raubtouristen hat man einen Riegel vorgeschoben. Führungen werden vom Österreichischen Alpenverein, Sektion Höhlen- und Stollenführung, veranstaltet. Anmeldungen in der Fremdenverkehrszentrale Schladming.

Das Bergwerk Bromriesen ist ein mysteriöses Relikt vergangener Zeiten, dessen Geheimnisse noch nicht restlos geklärt sind. Ähnlich wie den Goldgräbernestern in der „Neuen Welt" erging es auch Schladming. Als die Silberadern versiegten, wanderten die Menschen ab. Zurück blieb ein durchlöcherter Berg, legendenumrankt und unheimlich, gefährlich für den Unkundigen.

Der Bärenwald:
Es ist der letzte Urwald der Steiermark, vielleicht der letzte Österreichs. An der Grenze zu Niederösterreich gedeiht dieses Refugium aus Flechten, Farnen, Baumriesen und Wasseradern. Nur mit einem ortskundigen Führer gelangt man in diese Wildnis. Kleine Wasserfälle, Gumpen, Felslöcher voll mit Fischen und glasklarem Wasser. Der Kompaß ist das wichtigste Utensil. Ohne ihn findet man den Weg in die Zivilisation nur schwer wieder.

Und hier hausen sie, Österreichs letzte freilebende Braunbären. Einheimische Jäger berichten von eindeutigen Kratzspuren und Freßresten. Doch die Bären leben in ihrem Wald ungestört. Manche Wildbiologen glauben, daß sich die Petze in dieser Einöde bereits fest etabliert haben, denn man hat drei Jungbären entdeckt, die erstaunlicherweise überlebten, obwohl die Bärenmutter an einem Felshang zu Tode stürzte. Zum Naturschutzgebiet für wissenschaftliche Zwecke ausgewiesen, gedeiht und wächst die Wildnis unberührt von strenger Forstarbeit. Wanderungen nehmen expeditionsähnlichen Charakter an. Vom Blitzschlag gefällte Riesentannen liegen quer im Wege, in die Stille dringt das Röhren eines Hirsches.

Die Stationen zum Wald der Wälder in der Steirischen Wildnis lauten Wildalpen – Holzäpfeltal – Rothwald. Dann weiter zu Fuß. Im Bärenwald sind Menschen unerwünscht. Weder Wegweiser noch Hinweisschilder deuten auf dieses Refugium von ca. 300 Hektar hin. Seit fast 1.000 Jahren unberührt, wächst und stirbt der Rothwald (ab 1875 im Besitz der Familie von Rothschild) als einer der letzten fünf Urwälder Europas im Wandel der Jahreszeiten dahin. Für den Massentourismus ungeeignet, hütet die Forstverwaltung den Garten Eden wie ein Kleinod. Damit der Wald das bleibt, was er ist, ein Märchen, wie es kein zweites mehr in Österreich gibt.

Die Weltmaschine:
Heimatkundler bezeichnen die Steiermark als ein Land voller Käuze und
Eigenbrötler. Einer dieser eigenwilligen und schrulligen Individualisten war
der Bauer Franz Gsellmann. In einer Zeitungsabbildung sah er 1958 das Brüs-
seler Atomium und war fasziniert von diesem Gebilde. Mit Rucksack, Vesper
und Zeichenblock fuhr er zur Weltausstellung, skizzierte deren Wahrzeichen
und reiste – ohne zu übernachten – wieder zurück. Daheim in Kaag bei Feld-
bach fing Gsellmann auf seinem abgelegenen Bauernhof an, das Atomium
nachzubauen. Begonnen hat der „Narr aus Kaag", so die Einheimischen, mit
Hula-Hoop-Reifen, abgelegtem Ackergerät, Werkzeugen und allerlei Wegge-
worfenem. 23 Jahre lang fügte er alle Gebrauchsgegenstände, deren er habhaft
werden konnte, zu einer riesigen Weltmaschine zusammen. Wenn man das
Unikum einschaltet, bewegen sich Hunderte, vielleicht Tausende von Dingen.
Lampenschirme flattern, Lichter erglühen, Kochtöpfe klappern, Glocken
klingen, Räder drehen sich und bewegen Hebel, die wiederum Zugseile
betätigen, ein Gong ertönt, Ofenrohre dröhnen, eine Suppenschüssel dreht
sich, Glöcklein klingen, Karaffenstöpsel klirren.
Die Weltmaschine ist ein skurriles Gebilde, eine Konstruktion, die nicht von
dieser Welt zu sein scheint. Fassungslos und ehrfürchtig steht man vor dem
Lebenswerk des Franz Gsellmann, der pathologisch und fasziniert von der
Idee, etwas zu bauen, das es nie wieder geben soll, die Landwirtschaft
vernachlässigte und den Rest seines Lebens diesem maschinellen Ungetüm
widmete.
1981 starb Gsellmann, den die Menschen für verrückt hielten, weil er eine
Maschine erschuf, die nichts produzierte. Oder doch? Nichts Praktisches
spuckt das 6 m lange rasselnde Monstrum aus, aber es schafft Gefühle,
Bewunderung und Staunen über einen einfachen Mann, der sich und seinen
Nachkommen ein unsterbliches Werk geschaffen hat.

Die Gstettneralm:
Eigentlich ist es keine richtige Alm, sondern eine große Doline. Etwa 50 m tief
mit wechselnden Durchmessern zwischen 3 und 400 m. Durch den zerklüf-
teten Boden versickert einfallendes Regenwasser und sucht sich seinen Weg
durch das Gestein, um einige hundert Meter tiefer im Lechnergraben wieder
ans Tageslicht zu gelangen. Die Austrittsstelle wird „Nos" (Nässe) genannt.
Zum Eisplaneten wird die Gstettneralm im Spätwinter. Wenn es tagelang
geschneit hat, der Schnee hoch über dem Boden liegt, die Nächte klar und
windstill werden, dann glaubt man, das Ende der Welt sei gekommen. Durch
unerklärliche Ausstrahlungen von bestialisch tiefen Temperaturen entsteht in
der Doline ein Kaltluftsee, der bis zu 30 Grad kälter sein kann als die Luft in
der Umgebung. Obwohl die Alm nur eine Seehöhe von 1.276 m aufweist,
kommt es über dem Grund zu den tiefsten Temperaturen in Mitteleuropa.

Unvorstellbare minus 52 °C wurden schon gemessen. Diese geophysikalische Besonderheit machten sich bereits vor dem 2. Weltkrieg Waffentechniker, Flugzeugkonstrukteure und Motorenentwickler zunutze, indem sie Kriegsmaterial, Flugmaschinen und mechanische Bauelemente in der arktischen Kälte für winterliche Einsätze testeten. Heutzutage überprüfen angeblich Überlebenskünstler, Survivalexperten und Teilnehmer von Himalaya-Expeditionen hin und wieder im Kaltsee während einer Nacht ihre Abhärtung. Für Untrainierte kann dieses Abenteuer allerdings tödlich enden. Deshalb sei gewarnt. Die Gstettneralm ist zumindest im Winter kein Hort der Beschaulichkeit, sondern ein Kältetor zur Hölle.

Sport, Spiel, Kultur und Unterkunft

Urlaub in der Steiermark kann neben dem Erholungswert auch eine Vielzahl sportlicher Betätigungen und Freizeitaktivitäten beinhalten.
Wassersportarten wie Schwimmen, Tauchen, Segeln und Surfen sind an fast allen Gewässern ohne nennenswerte Einschränkungen erlaubt. Die Hinweistafeln der örtlichen Behörden sind zu beachten. Nicht erlaubt ist nahezu überall das Fahren mit Motorbooten und vergleichbaren Geräten. Von Kuppen und Steilwänden stürzen sich Drachenflieger ins Tal. Amateurflugplätze für Segelflieger und Einmotorige liegen in der Nähe größerer Städte, z. B. Maria Zell.
Die herrlichen Landschaften verschaffen sowohl Wanderern als auch Reitern Abwechslung und sportlichen Drive. Größere Hotels und Gaststätten besitzen eigene Fitneßparcoure, Trimm-Dich-Areale und Body-Studios. Tennisplätze schießen wie Pilze aus dem Boden.
Der Charakter des Landes prägt auch den abenteuerlichen und wagemutigen Zeitvertreib. Kanufahren, Wildwasserkajak und Extrembergsteigen gehen in der Steiermark eine wildromantische Allianz ein – und eine gefährliche. Die Friedhöfe der klassischen Bergsteigerdörfer sind voll von leichtsinnigen Abenteurern. An den reißenden Stellen der Wildwasser zeugt so manches Matterl vom Todeskampf der vom Glück Verlassenen.
Eisstockschießen, Langlauf und alpine Abfahrten gehören im Winter zur Steiermark wie die eiskalten Nächte. Jeder Fremdenverkehrsort, der etwas auf sich hält, hat eigene Schlepp- und Sessellifte sowie weitverzweigte und gepflegte Loipen. Die etwas weitere Fahrt von Deutschland anstatt nach Tirol in die Steiermark gleicht man weitgehend aus durch das vergleichbare Platzangebot und die geringere Frequentierung. Kürzere Wartezeiten an den Liften, insbesondere während der Hauptsaison, fallen angenehm ins Gewicht. Skikin-

dergärten, beheizte Hallenbäder, Minigolf, Folkloreabende und launige Hüttenfeten lassen den Urlaub recht kurzweilig erscheinen.

Freunde gehobener Kultur finden in der Steiermark eine Menge alter Stifte, Museen und sehenswerter Kirchen. Von Stift zu Stift geht die Reise. Maria Zell mit der dreitürmigen Wallfahrtskirche und deren zahllosen Votivbildern wuchs seit der Gründung des im 12. Jahrhundert gegründeten Stift St. Lambrecht zu einem der größten europäischen Wallfahrtsorte. Zentrum der Gnadenkapelle ist der von Josef Emanuel Fischer im Jahre 1727 aus reinem Silber gefertigte Altar.

Admont wurde 1074 von Gräfin Hemma gegründet und von Mönchen aus St. Peter in Salzburg besiedelt. Erzbergbau und Salzstöcke begründeten den Reichtum von Admont. Die Stiftsbibliothek gehört zu den wertvollsten der katholischen Kirche. Über 1.100 Handschriften und eine kostbare Riesenbibel locken jährlich Tausende in das ehemalige Scriptorium.

Das älteste noch aktive Zisterzienserkloster der Welt ist Rein. Zwei Institute der Uni Graz sind integriert. Das im 18. Jahrhundert zur barocken Kloster- residenz umgebaute Stift zeichnet sich durch die grandiose Illusionsmalerei des Wiener Künstlers Josef Adam Ritter von Mölk (1766) aus.

Mit die bravourösesten Fresken klerikaler Kunst leuchten in dämonischen Farben von den Wänden der Kirche des Augustiner Stifts in Vorau. Johann Cyriak Hackhofer, ein eigenwilliger Künstler, verewigte hier die Darstellung bestrafter Laster. Weit hinter den Bergen von Roseggers Waldheimat liegt das Stift Voran. Es ist sowohl im Besitz einer bedeutenden Bibliothek mit uner- setzlichen Handschriften als auch Sitz des Voraner Bildungshauses.

Das größte und bedeutendste Freilichtmuseum liegt 16 km nördlich von Graz inmitten eines Naturschutzgebietes. Auf einem 50 ha großen Areal stehen 71 Originalgebäude aus ganz Österreich. Heimat- und Forstmuseen befinden sich in vielen Ortschaften.

Brauchtum und Feste haben in der Steiermark eine festverwurzelte Tradition. Das Mittendorfer Nikolospiel ist ein von Höllenlärm umrahmtes Spektakel, das den Kindern Süßigkeiten und symbolische Prügel serviert. Apfelprinzes- sinnen werden gewählt in Pischelsdorf, eine Weinwoche gibt es in Stainz, und auf der Weiglmoaralm bei St. Stefan ob Leoben finden Almmessen mit Auto- weihen statt.

Für Urlauber auf dem Bauernhof ist die Steiermark ein preisgünstiges Dorado. Über 40 sehr gut ausgestattete Campingplätze und rund 100 Jugendherbergen fördern auch diesen alternativen Erholungsurlaub. Preiswerte Übernach- tungen sind gleichwohl in Überlandgasthöfen und Hotels auf dem Lande immer noch die Regel.

Durch den Weinbau besitzt die Steiermark auch eine bemerkenswerte Eß- und Trinkkultur. Bedeutende Fleisch- und Geflügelzuchten, leckere heimische Gerichte und phantasievolle Köche, die mit viel Liebe die Originalitäten der heimischen Landwirtschaft servieren, haben die Steirer Küche weltberühmt gemacht. Eine Untersuchung hat beispielsweise ergeben, daß 40 % der österreichischen Absolventinnen von Hauswirtschaftsschulen Steirerinnen sind. Ob bodenständige Kost oder internationales Küchenflair, in der Steiermark werden hier Maßstäbe gesetzt. Spezialkulturen haben die Steiermark außerdem zum Apfelland Nr. 1 in Europa gemacht.

Wer es einfacher liebt, sollte einmal den Sterz probieren. Ein altes Holzhackeressen, das die Knechte in früheren Zeiten aus Wasser und Mehl in schwimmendem Fett zubereitet haben. Pilze, Beeren oder auch ein Schluck Wein, wenn vorhanden, rundeten den einfachen, aber schmackhaften Sterz ab. Sterzabende veranstaltet Harrys Tauchschule am Erlaufsee in der abenteuerlich-gemütlichen Rußhütte ehemaliger Holzknechte. Das sollte man nicht versäumen. Und im Fadental wartet ein zünftiges Felsensteak auf heißem Basalt darauf, von einem hungrigen Taucher ganz nach eigenem Gusto so gegart zu werden, wie er es am liebsten hat.

Schweben in Kristallwasser.

Unwirkliches Blau, kalt wie Eis, klar wie Glas – der Grünsee.

Die Steiermark-Gewässer und ihre Bewohner

Die Forellenregion

Wo klare, kühle Wasser zu Tale plätschern, wo aus kiesigem Untergrund saubere Quellen ihr Naß ergießen, wo Seen transparent und rein sind – kurzum da, wo die Umwelt intakt und möglichst naturbelassen ist, leben die Forellen, die zusammen mit den Saiblingen auch Salmoniden genannt werden. Die pfleilschnellen Sprinter besitzen eine einzigartige Ausdauer. Stunden-, ja tagelang stehen sie in der Strömung reißender Wildbäche, nutzen aber raffiniert Gegenstrudel und Umlenkströmungen, tote Strömungswinkel und Verstecke mit nur geringer oder ganz ohne Strömung, um sich auszuruhen, zu regenerieren oder von dort aus auf Nahrungssuche zu gehen. Gelegentliche Sprünge zur Oberfläche gelten dem Nahrungserwerb. Beutetiere Nummer eins sind über dem Wasser schwirrende oder auf dem Wasser treibende Fliegen und Insekten aller Art.

Forellen sind temperaturempfindlich. Nur wenn sich die Wassertemperatur nicht wesentlich über 9–12 °C erwärmt und auch der Sauerstoffgehalt stimmt, fühlen sie sich auf Dauer wohl. Extreme Kälte, wie zum Beispiel pures Eiswasser, stört sie nicht.

In der Forellenregion ist Pflanzenbewuchs kaum vorhanden. Grober Kies, Felsbrocken, kaum Sand, aber Gumpen, Strudel und Wasserfälle zusammen mit reißenden Flachstellen sowie Schneeschmelze und Quellzuflüsse prägen die eigentliche Forellenregion, die bis in eine Höhe von 3.200 Meter hinaufreicht. Darüber hinaus gibt es in Europa kein fischiges Leben mehr.

Forellen sind wählerisch und mißtrauisch, was den Insektenfang anbelangt. Sportfischer wissen, daß man Forellen mit Kunstfliegen nur dann fängt, wenn diese den echten Fliegen, bzw. Insekten, entsprechend der Jahreszeit ähneln. Eine Fliegenart, die nur im Frühjahr lebt, frißt eine Forelle im Herbst nur noch widerwillig. Neben der Anflugnahrung erbeuten Forellen auch Groppen, Elritzen, Flohkrebse und im Wasser lebende Insekten und deren Larven. Und auch die eigene Brut ist nicht sicher vor den Rabeneltern. Wer nicht aufpaßt, wird von Vater oder Mutter verspeist.

Zählebig sind Forellen nur, solange die Wasserqualität stimmt. Schon geringfügige Schwankungen des pH-Wertes gefährden ganze Populationen. Durch sauren Regen kommt es auch in Hochgebirgsseen immer wieder zu gelegentlichem Forellensterben. Eiskaltes Wasser und ein geringes Nahrungsangebot, z. B. in Gletscherseen, gleichen Salmoniden durch eine geringere Körpergröße aus. In abgelegenen Eislöchern und hochgelegenen Seen leben dann sogenannte Hunger- oder Kümmerformen, die selbst als adulte (erwachsene) Tiere ihr Jugendkleid nie verlieren – gleichwohl sind sie laichfähig. Saiblinge sind von diesem Phänomen stärker betroffen als Forellen. Man nennt diese Kümmerformen auch Schwarzreuter, nach dem Biologen Schwarzreuter, der Tiefseesaiblinge und Kümmerformen als erster untersucht und bestimmt hat.

Bachforelle und Flußperlmuschel:

Mit zu den schönsten Fischen der Forellenregion zählt die heimische Bachforelle (*Salmo trutta f. faro*). Wenn der Bach nahrungsarm ist, werden sie oft nur 15–20 Zentimeter lang. Man spricht dann von Steinforellen.

Bachforellen sind sehr standorttreu und verteidigen ihr Revier hartnäckig gegenüber Eindringlingen und Nahrungskonkurrenten. Von allen Forellenarten sind sie am gefährdetsten. Die rotgetupften Fische mit dem ausgeprägten Territorialverhalten finden leider immer weniger natürliche und unverfälschte Fließgewässer vor. Begradigungen, Einförmig- und Eintönigkeit der UW-Welt, verursacht durch eine reduzierte Strukturvielfalt in flurbereinigten Landschaften mit gebändigten Wildbächen, schaffen vielerorts einen Mangel an geeigneten Laichgründen und Lebensräumen. Die Wasserverschmutzung im allgemeinen trägt ihren Teil dazu bei. Bachforellen sind so empfindlich, daß sie als feinste Gradmesser für die Wasserqualität dienen. Nicht ohne Grund werden sie auch in Trinkwasser-Aufbereitungsanlagen als Bioindikatoren eingesetzt.

Untrennbar mit Leben und Sterben der Bachforellen ist die Flußperlmuschel (*Margaritana margaritifera*) verbunden. Werden die Bachforellen eines Fließgewässers ausgerottet, sind auch die Bestände der Flußperlmuschel langfristig zum Tode verurteilt. Ursache ist die ebenso eigenartige wie einzigartige Brutpflege und Verbreitung der Flußperlmuschel.

Erhalten weibliche Flußperlmuscheln nicht genügend Spermien, wandeln sie sich in Zwitter um und befruchten ihre Eier selbst. Daher sind auch sehr kleine Bestände regenerationsfähig. Bis zu zehn Millionen Larven (Glochidien genannt), kann eine einzige Muschel produzieren. Im August eines jeden Jahres werden die nur 0,05 Millimeter großen Glochidien aus dem Brutraum durch die Ausströmöffnung ins Wasser ausgestoßen. Eine Weiterentwicklung ist aber nur möglich, wenn sie innerhalb weniger Tage zufällig von einer Bachforelle eingeatmet werden und auf diese Weise an deren Kiemen einen Platz gefunden haben. Nur wenigen gelingt das. Leben keine Forellen mehr im Wohngewässer der Flußperlmuschel, dann stirbt die gesamte Brut.

Die mit zwei dreieckigen Haken und einem langen Haftfaden ausgerüsteten Glochidien verbleiben zirka zehn Monate als Kiemenparasiten in der Forelle, wobei sie sich zu 0,5 Millimeter langen Jungmuscheln entwickeln, die dann von ihrem Wirtsfisch abfallen und in das Lückensystem des Bachbodens eindringen. In dieser Lebensphase, die noch gänzlich unbekannt verläuft, stabilisiert sich die Muschel äußerlich und kommt nach spätestens vier Jahren mit einer Länge von zirka zwei Zentimetern wieder an die Oberfläche.

Seesaiblinge sind schwierig zu fotografieren.
Aus den USA im letzten Jahrhundert eingesetzt, mittlerweile heimisch geworden – der Bachsaibling.

Bachforellen bevorzugen Gewässer mit Deckungsmöglichkeiten.

Widerstandsfähiger Einwanderer aus den Staaten: die Regenbogenforelle.

Unter günstigen Lebensbedingungen kann eine Flußperlmuschel 100 Jahre alt werden, in Ausnahmefällen sogar 130 Jahre. Sie gehört damit zu den Süßwasserlebewesen mit der höchsten Lebenserwartung. Früher gehörte die Flußperlmuschel (dunkle Schale, maximal 16 Zentimeter lang), zu den häufigsten wirbellosen Tieren in Europa. Heute ist die einzige heimische Muschel mit der Fähigkeit, wertvolle Perlen bilden zu können, vom Aussterben bedroht. Die Perlen der Flußperlmuschel sind den schönsten Seeperlen ebenbürtig, was rücksichtslose Amateursucher veranlaßte, Tausende von Muscheln zu öffnen, um eine Perle zu gewinnen. Hierdurch wurden die Bestände drastisch reduziert, denn nur in jeder dreitausendsten Muschel findet sich eine hochwertige Perle. Im Mittelalter lagen die Rechte der Perlenfischerei bei den Landesfürsten. Perlenräuber wurden mit dem Tode bestraft.

Wer Flußperlmuscheln sachkundig öffnet – Profis verwenden dazu einen speziellen Perlenschlüssel – kann die Muschel nach Entnahme der Perle anschließend nahezu unverletzt in den Bach zurücksetzen. Perlenräuber ohne Sachkenntnisse zerschneiden oder zerschlagen die Muschel, wodurch erhebliche Verluste bei der betroffenen Muschelpopulation entstehen.

Bilden kann sich eine Flußperle nur, wenn durch das Eindringen eines Fremdkörpers eine Verletzung am Mantel des Perlgewebes entsteht und infolgedessen Teile der Manteloberhaut ins Innere des Bindegewebes gelangen und dort ihre kalkabsondernde Tätigkeit fortsetzen, in deren Verlauf Schalensubstanz und Perlmutt angelagert werden. Die mit Perlmutt umkleideten dünnen Schichten entsprechen in ihrem Wachstum den Zuwächsen der Muschelschale. So dauert es oft Jahrzehnte, bis sich eine sehenswerte Perle entwickelt hat. Ein Naturwunder, das noch immer Rätsel aufgibt, denn warum in der einen Flußperlmuschel eine Perle entsteht und in Tausenden anderen nicht, konnte bis heute nicht eindeutig geklärt werden. Ein Wettlauf mit der Zeit beginnt, denn in zahlreichen Bächen und Quelltöpfen sind manche Exemplare die letzten ihrer Art. Zudem sind die Bestände überaltert; die Flußperlmuschel-Populationen in ganz Europa sind auf den kümmerlichen Rest von 2–3 % der ursprünglichen Bestände geschrumpft. Fehlende Wirtsfische, Gifteinleitungen, Düngemittel, Verschlammungen und widersinnige Bachregulierungen führten neben der Perlenräuberei zum Niedergang von Margaritana. Doch bleibt eine kleine Hoffnung, denn man ist mittlerweile soweit, daß junge Bachforellen erfolgreich mit Muschellarven infiziert werden können. Die künstliche Aufzucht von Flußperlmuscheln scheint der einzige Weg zu sein, dieses ungewöhnliche Tier in den heimischen Bächen zu retten.

Fremdlinge aus den Vereinigten Staaten:

Seit 1880 ist eine Unterart der Regenbogenforelle (*Salmo gairdneri*) in der Forellenregion unserer Bäche heimisch. Ihr Herkunftsland ist Nordamerika.

Gründlinge sind nicht leicht zu entdecken, selten liegen sie so frei am Grund.

Der Lebensraum der Schmerlen wird leider immer mehr eingeengt.

Die Stammform *Salmo g. gairdneri*, die die Küstengewässer von Südalaska bis Südoregon bewohnt, ist ein anadromer Wanderfisch, das heißt, sie wandert zum Laichen vom Meer (Salzwasser) in Flüsse und Bäche (Süßwasser) hoch. Dagegen handelt es sich bei der Unterart *S. g. shasta* um eine reine Süßwasserform, die auch in Europa stationäre Wildbestände im Süßwasser ausgebildet hat.

Die „Regenbogen", wie man die Einwanderer oft nennt, sind schnellwüchsiger und widerstandsfähiger als die heimischen Bachforellen, weshalb es in vielen Fließgewässern zu einem Verdrängungswettbewerb kommt, bei dem die einheimischen Bachforellen oftmals den kürzeren ziehen. Allerdings wandern Regenbogenforellen nicht so extrem hoch hinauf, so daß gewisse Refugien der Bachforelle ungefährdet sind.

Bachforellen werden, ausreichend Nahrung vorausgesetzt, auch größer als die Regenbogenforellen, was sich insbesondere in stehenden Gewässern mit eiskaltem Grundwasserzufluß zeigt. Hier entwickeln sich aus manchen Bachforellen wahre Giganten von fast 1,3 Meter Länge und 20–30 Kilogramm Gewicht, die man dann Seeforellen nennt.

Regenbogenforellen können im Gegensatz zu Bachforellen auch in Stauseen des Tieflandes, Nebenarmen von großen Flüssen und auch in nicht immer ganz sauberen Bächen weitgehend problemlos gehalten werden.

Der farbenprächtigste Salmonide ist möglicherweise die Cutthroat-Forelle (*Salmo clarki*). Sie stammt ebenfalls aus Nordamerika, ist völlig bedeckt mit schwarzen Punkten auf goldfarbenem Untergrund, und auf beiden Seiten der Kehle zieht sich ein blutroter Streifen bis zu den Kiemen. Die Clown- oder Harlekin-Forelle, wie sie auch genannt wird, kommt in den europäischen Forellenregionen noch als reiner Stamm vor.

Kreuzungen von Regenbogenforellen mit Bachforellen oder Saiblingen haben vielerorts Bastardschwärme entstehen lassen. Dem Laien wird es deshalb nicht immer möglich sein, die einzelnen Arten zweifelsfrei unterscheiden zu können.

Die Äschenregion

Zu den scheuesten und gleichzeitig schnellsten Fischen im Süßwasser zählt die Äsche (*Thymalus thymalus*). Der Geruch ihres Fleisches erinnert an das Gewürz Thymian. Äußeres Kennzeichen der Äsche ist ihre große Segelflosse, die bisweilen stark violett eingefärbt sein kann. Der übrige Körper erscheint oft in dezentem Grau mit grünen Pigmenten. Farbliche Unterschiede von Gewässer zu Gewässer sind allerdings keine Seltenheit.

Äschen bewohnen sauerstoffreiche, kühle und mitunter rasch fließende Gewässer. Sie steigen aber bei weitem nicht so weit in die Gebirgsregionen auf wie Forellen. Den Leitfisch der Äschenregion, die sich an die Forellen-

Äschen gehören zu den scheuesten Fischen im Süßwasser.
Nur mit viel Geduld bekommt man sie vor die Kamera.

Hasel werden oft mit Rotaugen verwechselt.
Vom Aussterben bedroht ist der Strömer, von dem es fast keine Unterwasser-
aufnahmen gibt.

Döbel sind Allesfresser und
vertilgen Muscheln, Käfer,
Würmer und Pflanzen.
Sie machen im Alter aber auch
Jagd auf Kleinfische.

region anschließt, findet man häufig auch in der unteren Forellenregion und in der oberen Barbenregion. Lieblingsstandplätze und dauerhafte Wohnreviere befinden sich im Bereich der Vereinigung von Bächen zu kleinen Flüssen mit kiesigem oder sandigem Untergrund, wo Gumpen, Kolken und Uferzonen mit reichlichem Pflanzenbewuchs vorhanden sind.

Äschen vertragen höhere Wassertemperaturen als Forellen, doch müssen die Temperaturen im Jahresmittel zwischen 12 und 16 °C liegen. Obwohl Äschen gern gesellig leben, bilden sie nur lose Verbände. Schwärme, wie sie beispielsweise von anderen Fischen bekannt sind, bildet die Äsche nicht. Viele Tiere leben einzeln, ohne aber direkt als Einzelgänger gewertet werden zu müssen. Obwohl Äschen nicht das Versteckbedürfnis von Bachforellen aufweisen, bevorzugen sie als Deckung große Felsen, Geröllaufwerfungen, Steinhaufen und Kiesmulden.

Direkt unglaublich ist ihre Gier auf Anflugnahrung. In manchen Äschenmägen fand man mehr als 200 Fliegen. Oftmals läßt sich die Äsche mit der Strömung direkt unter der Oberfläche flußabwärts treiben und nimmt dabei die ins Wasser gefallenen Fliegen mit kurzen Schnappern auf. In tiefen Gewässern lebt die Äsche aber vorwiegend von verschiedenen Wasserorganismen vom Bodengrund. Köcherfliegenlarven, Würmer, Krebschen, Wasserkäfer und Egel bilden die Ernährungsgrundlage, unterbrochen von gelegentlichen Freßorgien an der Oberfläche, wenn z. B. die Maifliegen massenhaft auf dem Wasser zappeln.

Große Exemplare machen auch Jagd auf Kleinfische, Fischbrut, Laich und Amphibienlarven, ohne aber dadurch direkt zu echten Raubfischen zu werden. Die eigenartige Form der Augen (mit Blick nach oben) läßt vermuten, daß Äschen mit besonderen Fähigkeiten ausgestattet sind, treibende Nahrung exakt bestimmen zu können. Ins Wasser gefallene Fliegen oder andere Insekten werden jedoch meist nur angenommen, wenn sie über den Strömungslinien der unten lauernden Äschen vorbeiziehen.

Die Vitalität der Äschen hängt ursächlich auch mit ihrem Wohngewässer zusammen. Im Gebirge sind sie wesentlich agiler und temperamentvoller als in den trägen Flüssen ebener Landschaften. In Skandinavien geht die Äsche sogar ins Brackwasser, was ihr eigenartigerweise nicht schadet.

Empfindlichste Stelle der Äsche ist ihr Maul. Stößt sie sich dort bei der Nahrungssuche oder auf der Flucht hart an, kommt es zu Hautabschürfungen, Blutergüssen und Deformierungen, die aber wieder abheilen. Viele Äschen sind in diesem Bereich mit Narben gekennzeichnet. Manche der verheilten Verletzungen stammen auch von den Haken der Fliegenruten von Sportfischern, bei denen die Äsche als Kampffisch in höchstem Ansehen steht. An der Angel gehakte Äschen entwickeln einen ungeheuren Freiheitsdrang, der sich in wilden Fluchten mit artistischen Luftsprüngen äußert. Äschen sind als Speisefische sehr begehrt, doch ist ihre wirtschaftliche Bedeutung gering, weil man sie lebend so gut wie nicht versenden kann. Auch verliert ihr festes, weißes Fleisch bereits kurz nach dem Tode den charakteristischen Wohlgeschmack. Fangfrisch gilt die Äsche als Delikatesse erster Art.

Abgelaicht wird zwischen März und Mai. Männchen und Weibchen sind dann besonders intensiv gefärbt. Große Laichwanderungen im eigentlichen Sinne gibt es nicht. Oftmals liegt der ideale Laichplatz nur unweit des Jagdreviers. Das Weibchen schlägt mit dem Schwanz eine kleine Laichgrube in den weichen Untergrund, dann werden je nach Körpergröße bis zu 6.000 Eier abgelegt. Nach etwa vier Wochen schlüpfen die Larven, die sich anfangs von einem kleinen Dottersack ernähren. Ist dieser aufgezehrt, schließen sich die Jungäschen zu kleinen Gruppen bzw. Schulen zusammen und jagen gemeinsam im Freiwasser Zooplankton und Anflugnahrung. Geraten sie in das Umfeld von Altäschen, droht ihnen Gefahr durch die kannibalischen Eltern. Geschlechtsreif sind Äschen erst ab dem 3.–4. Lebensjahr bei einer Größe von etwa 30 Zentimetern. Die Wachstumsgeschwindigkeit hängt aber stark vom Aufenthaltsort und der Nahrungszufuhr ab.

Normalerweise werden Äschen nicht länger als 60 Zentimeter und 2–3 Kilogramm schwer, doch werden angeblich hin und wieder Riesenexemplare von über 6 Kilogramm Gewicht gefangen. Solche Äschen ernähren sich dann größtenteils von Elritzen, Groppen, kleinen Forellen und Jungtieren der eigenen Art.

Obwohl Äschen in der Steiermark noch gute bis sehr gute Lebensmöglichkeiten finden, drohen ihnen durch Flußverbauungen und Verunreinigungen Gefahren, die Auswirkungen auf die Bestände haben können.

Die Barbenregion

Wenn die Gewässer breiter und tiefer werden, der Untergrund jedoch weiterhin aus Sand- und Kiesflächen besteht und dichte Pflanzenbestände das Ufer umsäumen, dann beginnt die Welt der Cypriniden, der karpfenartigen Fische. Leitfisch dieser Region, der sogenannten Barbenregion, ist die Barbe (*Barbus barbus*), die zwar reichlich Sauerstoff benötigt, aber mit den erheblichen Temperaturschwankungen zwischen 12 und 19 °C gut zurechtkommt. Begleitfische der Barbe sind Rotaugen, Lauben, Aitel, Huchen, Zander und Hechte.

Daß Barben aber nur in der Barbenregion vorkommen, muß relativiert werden. Der Fisch mit dem Mongolengesicht dringt in Nebenflüsse, stark fließende Bäche und auch aufwärts bis in Äschengewässer vor. Selten findet man ihn in großen Seen, was vermutlich mit seinem Wandertrieb zusammenhängt. Hat der See aber einen Abfluß, ist dieser oft von Barben bewohnt. Auch in Quelltöpfen mit schlammigem Untergrund fühlen sich manche Barben nicht unwohl.

Edelkrebse sind selten geworden. Die Krebspest hat ihre Bestände dezimiert (oben). Goldorfen sind eine Farbvarietät des Aland, kommen aber in verwilderter Form in vielen Seen vor (unten).

Barben bevorzugen langsam fließende Gewässer.
Nachts kann man sich ihnen gut nähern.

Mit ihrem geradezu aquadynamischen Körper kann die Barbe in der wildesten Strömung Halt finden. Sie krallt sich mit Flossen und Maul am Grund fest, liegt oft Stunden im Wirbel von Brückenpfeilern, an Kies- und Schotterbänken, neben umrauschten Ufermauern, im Strudel von Turbinen, Wasserstürzen, Wehren und Mühlbachausläufen. Lieblingsstandplätze sind auch Einleitungen von Abfällen aus Schlachthöfen, Kantinen und Molkereien. In diesen Nahrungsquellen gedeihen Barben zu Rekordgrößen. Immerhin können die muskulösen Grundfische etwa einen Meter lang und 9–10 Kilogramm schwer werden. Um auf solche Maße zu kommen, muß eine Barbe allerdings das biblische Alter von 12–15 Jahren erreichen.

Barben leben häufig gesellig in kleinen Gruppen. Mit dem rüsselartigen Maul, das mit vier Bartfäden ausgestattet ist, wühlt die Barbe den Untergrund auf, frißt Schnecken, Würmer, Muscheln, Fischlaich, Fleischabfälle, Krebse, Pflanzenreste, Insektenlarven und Wasserkäfer. Große Exemplare stellen auch kleinen Fischen nach, verschlingen schon mal einen unvorsichtigen Jungbarsch oder ein leichtsinniges Rotauge. Unter dem Strich gesehen zählen Barben aber zu den Friedfischen, die allerdings an der Angel zu wahren Teufeln werden, wie frustrierte Sportfischer berichteten, denen das Energiebündel Vorfach und Schnur abriß.

Die Lebensweise der Barben gibt immer noch Rätsel auf. So wälzen sie sich oft an sonnigen Tagen einzeln oder in Gruppen an der Oberfläche, steigen ohne ersichtlichen Grund vom Boden auf und stehen schwebend im Wasser. Andere verkriechen sich im Kraut, stecken aber die Köpfe provozierend ins Freie. Ungezügelt ist ihr Wandertrieb, der aber immer häufiger durch Verbauungen gestoppt wird. Manche Barben ziehen während eines Monats bis zu 300 Kilometer einen Fluß hinauf oder hinab. Was die Ursache dafür ist, weiß man nicht genau, denn auch außerhalb der Laichzeit (Mai–Juni) wandern die als „Flußzigeuner" bezeichneten Barben oft ruhelos umher. So wurde beobachtet, daß viele Barbentrupps von einem Anführer geleitet werden, der vermutlich neue Lebensräume und Nahrungsquellen ausfindig machen muß. Unterbrochen werden die Wanderungen, wenn die Wassertiefe stark nachläßt oder durch Gewitterregen die Temperatur abrupt sinkt. In der kalten Jahreszeit sammeln sich die Barben und streben zu einer Art „Winterquartier", trennen sich aber auf dem Weg dorthin nach Altersklassen und Größen.

Unklar ist, ob der Laich der Barben (bis zu 9.000 Eier pro Weibchen) von anderen Fischen gefressen wird oder nicht. Für Menschen ist er jedenfalls giftig. Auch vom Verzehr des Bauchfleisches wird während der Laichzeit abgeraten.

Rein äußerlich gehört die Barbe trotz ihres schnauzbärtigen Aussehens zu den attraktivsten Süßwasserfischen. Viele Exemplare schimmern goldgelb in der Sonne, haben eine elfenbeinfarbene Unterseite, zartrosa Flossen und einen grüngelben Kopf. Andere sind fast weißlich ohne nennenswerte Zeichnung,

sind mit einer Art Schorfhaut bedeckt und besitzen glasige Augen. Die Farb-
varietäten schwanken von der Goldbarbe bis zur Weißbarbe. Auch hier sind
die Ursachen nicht eindeutig geklärt. Außerdem gibt es noch jede Menge
Unterarten wie Südbarbe, Hundsbarbe, Semling u. a., deren Lebensweise nur
wenig erforscht ist.
Interessant ist auch das Laichverhalten. Barben kennen keine festen Partner.
Abgelaicht wird im Verband an flachen, kiesigen Stellen, die von strömendem
Wasser umspült werden. Jeder laicht sozusagen mit jedem. Nur der üppigen
Vermehrung scheint es die Barbe zu verdanken, daß sie noch zu den unge-
fährdeten Fischarten zählt. Doch wird ihr Lebensraum durch den Aufstau von
Fließgewässern deutlich eingeschränkt. Ortsfeste Populationen in stehenden
Gewässern sind so gut wie unbekannt.

Die Brachsenregion

Wenn Flüsse zu Stauräumen werden, das Wasser übers Jahr eine gleichmäßige
Trübheit aufweist, Sprungschichten die Regel sind, wechselnde Sauerstoff-
zonen auftreten, pflanzliches und tierisches Plankton reichlich Nahrung
verspricht und die Seitengewässer von starker Vegetation geprägt sind, dann
spricht man von der Brachsenregion, deren Leitfisch die Brachse (*Abramis
brama*) ist. Neben der Brachse finden sich hier fast alle Arten von Weiß-
fischen, Karpfen, Schleien, Aale und Räuber wie Wels, Zander und Hecht.
Brachsen lieben es, in verkrauteten, stillen und verschlammten Seen zu gründeln und in kleinen Gruppen umherzuziehen. Ihre Nahrung besteht über-
wiegend aus Zuckmückenlarven, Schlammröhrenwürmern, Schnecken,
Muscheln und Schwimmkäfern. Typisch bei der Nahrungsaufnahme ist die
sogenannte Brachsenhaltung. Fast senkrecht steht die Brachse über dem
Grund und wühlt mit ihrem rüsselartig vorstülpbaren Maul den Grund auf.
Zurück bleiben kleine, runde Gruben, die man Brachsenlöcher nennt.
Brachsen sind vorwiegend nachtaktiv. Erst mit Beginn der Dämmerung
kommen sie aus ihren Verstecken und gehen auf Nahrungssuche. Tagsüber
tarnen sie sich im dichten Kraut und stehen in kleinen Gruppen im Schatten
hoher Wasserpflanzen. Ältere Tiere ziehen sich oftmals in die Tiefe zurück
und werden mitunter zu Einzelgängern.
Probleme bereitet das Fotografieren von Brachsen, weil diese Fische extrem
mißtrauisch und scheu sind. Langes Luftanhalten, eventuell Schnorcheln und
Schnappschüsse (wenn sich die schlafende Brachse überraschen läßt) sind oft
die einzigen Methoden, an den hochrückigen Fisch heranzukommen.
Die zarte Haut der Brachsen wird durch eine starke Schleimabsonderung mit
eigenartigem Geruch geschützt. Trotzdem sind fast alle freilebenden Brachsen
mit mehr oder weniger geringen Verletzungen behaftet. Diese entstehen
häufig durch Wühlen unter Wurzelwerk und bei der Flucht, wenn sich die

Tiere im Kraut verstecken. An vielen Brachsen fehlen auch ganze Schuppen-
zeilen, die vermutlich durch Abschürfungen entstanden sind. In den meisten
Fällen heilen diese Schrammen aber problemlos ab, ohne daß sich Pilzbefall
ausbreitet.

In den Monaten Mai und Juni schließen sich die Brachsen zu großen
Schwärmen zusammen und streben zu flachen Uferstellen. Unter lautem und
heftigem Geplansche werden die gelblichen Eier an Pflanzen abgelegt. Pro
Weibchen gelangen oft 300.000 Eier ins Wasser, eine ungeheuere Zahl. Nach
etwa zehn Tagen schlüpfen die zirka vier Millimeter langen Larven. Sie
ernähren sich anfangs von einem kleinen Dottersack. Erst mit drei Zentimeter
Körperlänge bilden sich die Schuppen. Von den Millionen Eiern eines Brach-
senschwarmes werden allerdings nur wenige ein laichfähiges Alter erreichen.
Zu groß ist die Zahl der Feinde. Anfangs fressen andere Fische den Laich,
Wasserkäfer und Insektenlarven überfallen die Brut, kleine Brachsen werden
von Barsch, Hecht, Zander und Raubaal verfolgt.

Bei Brachsen kommt es immer wieder zu Kreuzungen mit artverwandten
Fischen. Diese Bastarde entstehen aus den Verbindungen mit Rotaugen und
Güstern. Äußerlich ähneln die Blendlinge den hochrückigen Brachsen,
einschließlich des vorstülpbaren Maules, jedoch können die Körperzeich-
nungen (schwarze Punkte am Schwanz, rote Flossenansätze) von denen der
Stammformen differieren. Für Laien sind diese Unterscheidungen allerdings
schwierig. Auch viele Angler sind bei solchen Bestimmungen überfordert.

Geschlechtsreife und Wachstum hängen bei Brachsen stark vom Wohngewässer, dem Nahrungsangebot und der Wassertemperatur ab. In extremen
Fällen werden die Fische erst mit dem zehnten Lebensjahr und einer Länge
von 20 Zentimetern laichfähig. Kommen in einem Gewässer große Brachsen-
bestände vor, neigen die Tiere zur Verbutterung, d. h. sie bleiben zwerg-
wüchsig. Diese sogenannten Hungerformen sind typisiert durch große Köpfe
und Messerrücken (ausgeprägt flache Körperform). Klein bleiben Brachsen
auch, wenn die Nahrung vorwiegend aus Pflanzen besteht, weil der Seegrund
wenig tierische Nahrung hergibt. Außerdem werden Brachsen in großen Seen
erheblich schwerer als in Fließgewässern. Die Rekordgrößen liegen bei etwa
acht Kilogramm und 70 Zentimeter Länge. Solche Kaventsmänner sehen
unter Wasser wie dahinsegelnde Flaggschiffe aus. Die Brachse gilt als langle-
biger Fisch, von dem Experten glauben, daß er 25 Jahre alt werden kann.

Taucher können Brachsen auch im Winter beobachten, wenn diese sich in
Scharen am Seegrund sammeln und eine mehrwöchige Ruhepause einlegen.
Manche graben sich dabei so in den Schlamm ein, daß nur noch Maul und
Augen hervorschauen, bei anderen sieht man gerade noch den Schwanz. Fotografieren ja, berühren nein, weil die Fische durch solche Störungen an Körper-
substanz verlieren, dies aber wegen der eingestellten Nahrungsaufnahme nur
schlecht wieder ausgleichen können.

Leitfisch der Brachsenregion ist die Brachse; sie versteckt sich gern im Kraut.

Das seltene Foto eines Zobel, einer weitgehend unbekannten Weißfischart.

Im Erlaufsee bilden Flußbarsche große Populationen.

Die Güster paart sich häufig mit der Brachse und bildet so Bastardformen.

Hechte lauern gerne unter versunkenen Bäumen auf Beute.

Welse ruhen am Tage und rauben in der Nacht.

Der Wasserskorpion

Er gehört zu den außergewöhnlichsten Tieren der Steiermark, *Nepa rubra*, der Wasserskorpion. Kaum ein Taucher hat ihn je gesehen, so versteckt, getarnt und zurückgezogen lebt er in Tümpeln, Weihern, Waldseen, Teichen und in den Flachzonen großer stehender Gewässer. Vieles am Wasserskorpion ist widersprüchlich, geheimnisvoll, ungeklärt oder mit Rätseln behaftet. Seinen Namen verdankt das Wasserinsekt (etwa zwei Zentimeter lang) seinem skorpionähnlichen Aussehen. Doch sitzt bei ihm der Stachel nicht hinten, sondern vorne an den Mundwerkzeugen. Der zu den Wasserwanzen zählende Wasserskorpion besitzt einen kleinen Saugrüssel, der gleichzeitig als Giftstachel ausgebildet ist, und mit dem die Beute (Würmer, Krebse, Wasserinsekten, an der Oberfläche treibende Fliegen, kleine Fische, Kaulquappen und Molchlarven) getötet bzw. gelähmt und ausgesaugt wird. Obwohl von vielen Forschern bestritten, kann Nepa auch dem Menschen schmerzhafte Stiche versetzen. Die aus dem Kopf ragenden vorderen Gliedmaßen sind zu Fangbeinen bzw. Greifern umgewandelt. Hiermit fängt der Wasserskorpion seine Opfer, sticht damit aber nicht, sondern hält nur fest. Zum Atmen dient ein am Körperende sitzendes verlängertes Atemrohr, fälschlicherweise oft mit dem Stachel verwechselt. Ein besonderes hydrostatisches Organ hilft dem Wasserskorpion, genau festzustellen, wie tief er abtauchen kann, damit die Spitze des Atemrohrs gerade noch aus dem Wasser ragt. Obwohl der Wasserskorpion vorzugsweise flache Gewässer aller Art bewohnt, findet man ihn oft meterweit vom Ufer entfernt unter Seerosenblättern hängend oder sogar im Freiwasser treibend, wo er sich aber als Halt gerne ein kleines Stück Holz oder eine schwimmende Wasserpflanze sucht. Verbreitet ist der Wasserskorpion von China bis Europa. Er war ursprünglich häufig, doch sind die Bestände rückläufig, weil Schmutzeinleitungen, Trockenlegungen und Düngung von Feldern die Jungtiere und die Gelege bedrohen.Widersprüchlich sind die Angaben über seine Flugfähigkeit. Angeblich soll es niemanden geben, der je einen Wasserskorpion hat fliegen sehen. Brustflügel sind vorhanden, aber stark unterentwickelt. Manche Forscher wiederum behaupten, daß Nepa wohl fliegen könne, aber nur kurze Strecken. Nepa schwimmt jedoch schlecht. Weite Strecken benötigen Zeit und erhöhen die Gefahr, daß er von einem Fisch gefressen wird. Kleine Hechte und Zander lauern ihm auf, aber auch Karpfen und Schleien verschlucken so manchen Wasserskorpion beim Gründeln in der Uferzone oder beim Abweiden von Seerosenblättern und Pflanzenstengeln. Liegt Nepa im Schlamm und rührt sich nicht, scheint der dunkelbraune Körper für ungeübte Beobachter fast unsichtbar zu sein. Auch kleine Jungfische und Amphibien übersehen den Feind, der nicht davor zurückschreckt, sich an einem Fisch festzuklammern und auf diesem reitend sein Opfer auszusaugen.

Wasserskorpione machen auch Jagd auf kleine Weißfische.

Paarungszeit sind die Monate April und Mai. Die Eier werden an Stengeln und Blättern von Unterwasserpflanzen abgelegt. Wasserskorpione, die aus dem Ei schlüpfen, gleichen flachen, lausähnlichen Wesen. In ganzen Scharen wandern die jungen Larven dem Ufer zu, um in Grenzbereich von Wasser und Luft die ersten Monate zu verbringen. Alle Kleintiere, die in den Bereich der Fangbeine geraten, werden ergriffen und ausgesaugt. Nach der fünften Häutung verwandelt sich die Wasserskorpionlarve endgültig in einen fertig entwickelten Wasserskorpion. Mit der letzten Umwandlung wird auch eine bessere Anpassung an das Leben im Wasser erreicht. Während die Nepalarven nicht schwimmen können, weil sie schwerer als Wasser sind, kann das adulte (erwachsene) Tier nicht mehr ungewollt versinken. Bei Bedarf kann der Wasserskorpion lange tauchen. Erreicht wird das dadurch, daß unter den Flügeln Luft gespeichert wird, die dem Tier allerdings zu einem beträchtlichen Auftrieb verhelfen, so daß es sich in der Regel an Wasserpflanzen hinunterhangeln muß.

Manche Biologen glauben auch, daß die rückentwickelten Flügelmuskeln eventuell als Sauerstoffbehälter umfunktioniert sein könnten. Genaues weiß man darüber nicht. Bemerkenswert ist, daß, obwohl der Wasserskorpion ein luftatmendes Tier ist, er monatelang unter einer Eisschicht überleben kann. In strengen Wintern, wenn die Gewässer zufrieden und die Eisdecke in Ufernähe bis zum Grund reicht, kommt es oft vor, daß der Wasserskorpion völlig von Eis umhüllt wird. Bleibt der Hohlraum, in dem die Skorpionwanze überwintert, frei von Eiskristallen, übersteht das zähe Insekt die „Eiszeit" durch Reduzierung des Stoffwechsels und Herabsetzung des Sauerstoffverbrauchs auf ein derart niedriges Niveau, daß selbst eine mehrmonatige Tiefkühlkapselung dem Tier nichts anhaben kann. Taut im Frühjahr der Eispanzer weg, krabbelt Nepa unbeschadet davon. Überhaupt scheint der Wasserskorpion, was das Umhüllen seines Körpers anbelangt, recht widerstandsfähig zu sein. So läßt es ihn völlig unbeeindruckt, wenn er im Sommer von Algenfäden geradezu umgarnt wird. Er hat dann große Ähnlichkeit mit einem algenbewachsenen Stein und ist deshalb kaum noch aufzuspüren.

Über das Lebensalter der Wasserskorpione kursieren unterschiedliche Meinungen. In Aquarien leben sie zwei bis drei Jahre, in Freiheit scheinen mehr als zwei Überwinterungen die Ausnahme zu sein.

Erwähnenswertes gibt es über die Eier zu sagen. Für ein Tier von der Größe der Skorpionwanze sind sie sehr groß. Die lederartige Schale ist mit einem Kranz rötlicher Fäden umgeben (etwa 6–9), die man auch als Atemanhänge bezeichnet. Diese Haarkränze haben die Aufgabe, dem von einer Luftschicht umgebenen Ei ständig neue Luft zuzuführen. Obwohl die Eier unter Wasser liegen (manchmal als kleine Nester in Algeninseln), sind sie bis zum Ausschlüpfen der Larven permanent von Luft umgeben. Das raffinierte Anlegen der Einester, die Plazierung der Eier in einer exakten Tiefe, damit die Fäden genau über dem Wasserspiegel angebracht sind, um Luft zuführen zu können, beschäftigt die Forschung bis heute. Genauso wie verschiedene Organe in siebähnlicher Form am Imago (geschlechtsreife Form), die aller Wahrscheinlichkeit als Sinnesorgane für die Orientierung im Wasser dienen.

Nah- und Makrofotografie im Süßwasser

Häufig ist die Nah- und Makrofotografie das einzig Vernünftige, wenn fehlende Klarheit und triste Landschaft die UW-Fotografie in einem Binnengewässer vor nicht unerhebliche Probleme stellen. Wo keine oder nur wenige Fische schwimmen, hat sich oftmals ein vielseitiges Leben jenseits des Freiwassers entwickelt. Bei genauem Hinsehen entdeckt man selbst im angeblich toten Schlamm Larven, Laich und Milben. Ein Laboratorium der Natur im Verborgenen.

Während man die eigentlichen Nahaufnahmen schon mit geringem Aufwand und wenig finanziellem Einsatz angehen kann – ein leichtes Weitwinkel, und man kommt fotografisch dem Motiv recht nahe –, bedarf es für den Makrobereich etwas größerer Opfer und Mühen. Wichtiges fotografisches Ausrüstungsteil ist das Blitzgerät. Wenn es sich nämlich nicht um ausgesprochene Makrogegenlichtfotos dreht, kann hier nicht mehr ohne Kunstlicht agiert werden. Den Lichtverlust, der durch Zwischenringe oder lang herausgefahrene Makroobjektive in Verbindung mit kleinen Blenden (16, 22 oder gar 32) entsteht, kann kein noch so helles Tageslicht kompensieren. Setzen Sie den Blitz schräg über die Optik, das Licht soll halb frontal, halb mittig von oben auf das Motiv auftreffen. Selbst bei Sichtweiten unter 2 m können Sie diese Technik bedenkenlos einsetzen, weil aufgrund des kurzen Lichtweges kaum Schwebeteilchen angestrahlt werden. Die Brillanz kann zusätzlich erhöht werden, wenn ein Dia-Film mit weniger als ISO100/21° verwendet wird. Feineres Korn und bessere Schärfe forcieren die Detailauflösungen, ein wichtiges Kriterium jeder Makroaufnahme.

Der alte Glaubenskrieg, ob denn eine SLR im Gehäuse nicht doch besser als die Sucherkamera Nikonos ist, kann dahingehend geschlichtet werden: jedem sein Einsatzgebiet. Ist das Wasser klar, und sitzt das Motiv fest oder bewegt sich langsam, kann die SLR hinsichtlich der Bildgestaltung Vorteile verbuchen. Ist das Motiv dagegen winzig klein, schwimmt im Freiwasser, und ist zusätzlich Trübheit vorhanden, dürfte man mit dem Nikonossystem und einem entsprechenden Zwischenring besser dran sein. Der Vorteil der Rähmchenfotografie liegt darin begründet, daß man erstens den Maßstab 2 : 1 freischwimmend realisieren kann (mit der SLR geht das nicht mehr) und zweitens, daß intuitiv begabte und flexible UW-Fotografen mit gutem Timing und Schätzvermögen ausgesprochene Makro-Delikatessen auf den Film bannen können. Mit dem Maßstab 2 : 1 dringen Sie in eine unbekannte Welt vor. Doppelt so groß wie die Wirklichkeit, etwas, das wir mit dem Auge nicht mehr in dieser Form sehen können, hat unbestreitbar seinen Reiz.

Nah- und Makrofotografie ist mitunter eine kalte Angelegenheit. Um die winzigen Motive zu suchen und sie dann abzulichten, muß man sich Zeit lassen, muß ruhig liegen oder schweben, darf keine hastigen Bewegungen machen, sonst wirbelt der Mulm hoch, muß konzentriert und ausdauernd suchen. Dabei darf man nicht frieren, sonst ist alles vergebliche Mühe gewesen. Auch im Hochsommer kann es darum von Vorteil sein, einen Trockentauchanzug zu tragen. Obwohl unbequemer zu tragen als ein Nasser, sollte man den Trockenen immer dann wählen, wenn längere Aufenthalte in kühlem Wasser zwecks Nah- und Makroaufnahmen geplant sind.

Merke: Wer friert, ist unkonzentriert und macht Fehler. Fotografisch wirkt sich das um so schlechter aus, je kleiner die Motive sind.

Welche Motive man erfassen kann, hängt von Art, Größe, Tiefe und Wasserqualität eines Gewässers ab. In kleinen Tümpeln und Teichen wird man eher auf Molche und Wasserfrösche treffen als in einem riesigen Binnensee. Wie schon erwähnt, ist auch die Fauna und Flora ursächlich am Bestand der Kleinlebewesen beteiligt. In stark mit Fischen belebten Gewässern werden Sie kaum viele Insektenlarven antreffen. Beschränken Sie sich dann auf Pflanzen, Strukturen und Nahaufnahmen von nicht allzu scheuen Fischen. Wenn es am Tag nicht klappt, versuchen Sie es nachts.

Vergessen und übersehen Sie nicht das Unscheinbare und doch so Interessante wie Süßwasserschwämme, das Netz einer Rotalge, pilzüberzogene Kiesel, Wirteln von Pflanzen, herbstliche Blätter und Laich von Fischen und Amphibien.

Es wird Sie einige Filme kosten, bis die Aufnahmen das zeigen, was man sich erhofft und vorgestellt hat. Doch irgendwann kommt der Durchbruch, und Sie können vielleicht das Foto einer roten Wassermilbe in mehr als Lebensgröße vorweisen.

Gelbrandkäfer überwältigen selbst Fische von doppelter oder dreifacher Größe (oben). In hochgelegenen Lacken und Tümpeln begegnet man Kaulquappen noch im Spätsommer (unten).

Harrys Tauchschule

Die akkurat geführte Basis liegt am Erlaufsee, direkt neben dem Gasthof „Zum Seewirt".
Das Equipment umfaßt 10 komplette Ausrüstungen incl. Jackets. Der Verleih von Anzügen, Flaschen, Automaten, Lampen und diversen Fotoartikeln gehört zum Angebot. Preßluft liefern zwei große, fest installierte Kompressoren. Des weiteren ist die Basis mit einem Automatenprüfstand, einem Boot und einer Ein-Mann-Dekokammer ausgerüstet. TÜV-Abnahmen und der Verkauf von Ausrüstungen ergänzen das reichhaltige Angebot.
Ausgebildet wird ausschließlich am nahegelegenen Erlaufsee, nach den Richtlinien von PADI. Spezialkurse wie Bergseetauchen, Trübtauchen, Tieftauchen, Eistauchen, Nachttauchen, Rettungstauchen, Höhlentauchen und UW-Fotografie werden auf Anfrage angeboten.
Der Unterricht in einem Nebenzimmer beim Seewirt wird unterstützt durch Overheadprojektionen, Video und Dias.
Pflege und Organisation der Basis sind vorbildlich. Man muß lange suchen, bis einem sowas begegnet. Die Ausrüstungen sind immer auf dem neuesten Stand, was gut und teuer ist, findet man hier. Und jede Menge Assis stehen hilfreich zur Seite. Zu den Annehmlichkeiten gehört auch, daß man am Erlaufsee einen großen Tauchersteg speziell für die Eleven und Gasttaucher errichtet hat.

Sonstiges:
Ebenfalls angeboten werden: Fahrten zu nahegelegenen Bergseen, Vermittlung von Quartier, Gaststätten, Appartements, Privatunterkünften und Campingplätzen, Arrangement von Rundflügen über die Seen, Grillabende (Felsensteak!), Holzknechtessen (Sterz!), Dia-Abende, Geselligkeit und Kinderspiele.

Anschrift:
Harrys Tauchschule, Harald Teltschik, Floriangasse 1a,
A-3133 Traismauer, Tel. 0043-(0)2783-7747

oder:
Neukogler-Weg 2
A-8630 St. Sebastian
Tel. 0043-(0)663-60474

Harrys Tauchschule
liegt direkt am Erlaufsee.

Taucher, die mehr im Gebiet der nördlichen Steiermark auf Erkundigung der Gewässer aus sind, sollten sich im folgenden um eine der beiden Unterkünfte bemühen. Es ist nämlich umständlich, wenn man ständig große Strecken abfahren muß, damit man wieder an sein Quartier kommt. Tatsache ist auch, daß die Gegend am Erlaufsee taucherisch zu den besten und abwechslungsreichsten der Steiermark zählt. Außerdem ist hier durch die Anwesenheit der Tauchbasis das Problem „Luft" gelöst.

Gasthof „Zum Seewirt":

Besitzer: Werner und Annemarie Tobiaschek; 8 Zimmer, 18 Betten, ganzjährig geöffnet.

Der Gasthof ist sehr kinderfreundlich, auf Wunsch gibt es Speisen, die nicht auf der Karte stehen. Im Keller befindet sich ein Trockenraum für das nasse Neopren. 1978 wurde der Gasthof total renoviert und wohnlich auf den neuesten Stand gebracht. Die tragenden Wände sind über 400 Jahre alt und stammen von einer ehemaligen Poststation.

Ein großer Parkplatz vor dem Haus, ein eigener Zugang zum Erlaufsee über eine große Wiese sowie ein kleiner Bootssteg mit Flachwasserzone (für Nichtschwimmer und Kleinkinder) runden den Urlaubsservice positiv ab. UW-Fotografen erhalten auf Wunsch den Schlüssel zu einer kleinen Hütte am See, in der man sich umziehen und ungestört die Filme wechseln kann. Bei Überfüllung des örtlichen Campingplatzes läßt der Wirt auch mal mit sich reden, und man darf auf der Wiese nächtigen. Hinter dem Haus hat das Ehepaar Tobiaschek einen kleinen Spielplatz für Kinder errichtet (Schaukel, Sandkasten, Kletterstangen). Für Eltern mit Kleinkindern ein idyllisches Fleckchen, das man sehr empfehlen kann. Die Küche genügt auch gehobenen Ansprüchen.

Anschrift: W. u. A. Tobiaschek, Gasthof „Zum Seewirt", Erlaufseestr. 80, A-8630 Mariazell/St. Sebastian; Tel. (0043)-(0)3882-2430

Von anderer Struktur, deshalb auch etwas teurer ist das

Hotel „Marienwasserfall":

Die komfortable Klause liegt in einem landschaftlich wunderschönen Tal ca. 2 km vom Erlaufsee entfernt. Alle Zimmer haben Color-TV. Sauna u. Solarium befinden sich im Hause. Eine hervorragende Küche für verwöhnte Gaumen bietet rund ums Jahr internationale Spezialitäten. Parkplätze sind genügend vorhanden.

Die tägliche Fahrt an den See wird durch die herrliche Lage des Hauses ausgeglichen. Unweit des Hotels gischtet ein Wasserfall ins Tal, hinter dem eine Madonna steht. Der Sage nach soll hier im Mittelalter die heilige Maria einem Mädchen erschienen sein.

Das Maria-Zellerland bietet neben Tauchen auch unzählige Möglichkeiten zum Wandern.

Wer außer dem Tauchen noch andere Hobbies pflegt, hier kann er sie vielleicht finden. Trimm-dich-Pfad, Reiterhof, Wanderwege, Beerensuchen, Pilze sammeln und im Winter Eisstockschießen und Langlauf – alles in unmittelbarer Nähe der Unterkunft. Für Tauchgruppen gibt es Sonderarrangements!

Anschrift: Hotel „Marienwasserfall", Grünau 1, A-8630 Mariazell; Tel. (0043)-(0)-3882-2386

Die Steiermark-Tauchgewässer
in alphabetischer Reihenfolge

Name	Seehöhe (m)	max. Tiefe (m)
1.) Admonter Fischteiche	640	2
2.) Bodensee	1.149	16
3.) Brunnsee	631	2
4.) Borsee	735	4
5.) Dürrsee	910	2,5
6.) Ennser Wildwasser	650	3,5
7.) Erlaufsee	827	38
8.) Erlaufstausee	812	10
9.) Erlaufteich	830	5
10.) Grünsee	780	3
11.) Grünersee	776	8
12.) Hartlsee	800	5
13.) Hechtensee	887	5
14.) Hieflauer Stausee	503	6
15.) Hubertussee	825	6
16.) Hüttensee	1.500	5
17.) Kreuzlacke	762	1
18.) Kreuzteich	885	1,5
19.) Leopoldsteinersee	628	28
20.) Lunzer Untersee	650	34
21.) Lunzer Mittersee	767	4
22.) Lunzer Obersee	1.117	15
23.) Mürz-Stau	669	5
24.) Ötschergräben	620-860	4
25.) Pfarrerlacke	890	2
26.) Pfarrteich	760	1,5
27.) Sackwiesensee	1414	6
28.) Salza-Altwasser	651	2
29.) Salza-Stausee	664	8
30.) Salza-Wildwasser	500-660	2
31.) Spechtensee	642	16
32.) Teufelssee	1.090	30
33.) Türnsee	1.230	3
34.) Wienerbruck-Stau	820	8
35.) Zenzersee	740	3

1. Die Admonter Fischteiche
Seehöhe: 640 m; max. Tiefe 2 m

Wie der Name schon sagt, liegen die Fischteiche bei Admont. Sie sind auf allen Karten größeren Maßstabs verzeichnet.
Mit den Parkmöglichkeiten sieht es nicht gut aus. Man hält am besten an kleinen Einbuchtungen neben der Straße. Wenn Fischer an den Teichen zugegen sind, muß um die Tauchgenehmigung gefragt werden.
Auf einigen der Teiche schwimmen reizvolle Seerosen, sehr fotogen. Die Sicht ist mäßig, weil Karpfen im Wasser gründeln, Schleien im Schlamm wühlen und Weißfische in dichten Pulks über den Grund ziehen.
Für die UW-Fotografie empfiehlt sich entweder das Makro oder ein starkes Weitwinkel.
Nach dem Tauchgang sollten Sie sich Admont anschauen, eine lohnenswerte Stadt mit viel Kultur.

2. Bodensee
Seehöhe: 1.149 m; max. Tiefe 16 m

Der Bodensee liegt in der Nähe von Schladming; man biegt beim Ort Aich ab (gut beschildert) und folgt den Hinweisen. Die Anfahrt ist steil, aber gut ausgebaut. Sie ist ca. 5 km lang und mautpflichtig (pro Person ist zu bezahlen, Kinder die Hälfte).
Seinen Namen hat das Gebirgsgewässer vermutlich darum, weil man den Seeboden überall durchschimmern sieht; die tiefste Stelle ist eine Moränen-Rinne, ansonsten gehen die Tiefenverhältnisse kaum über 4–6 m hinaus.
Direkt zum See kann man nur mit Genehmigung fahren; man erhält sie im „Forellenhof", dem Gasthaus direkt am See. Inhaber ist die Familie Fink. Ehrensache, daß man nach dem Tauchen (oder vorher) dort einen kleinen Imbiß einnimmt.
Am Seegrund gibt es überall grüne Schleimalgenrasen, die zahlreichen Forellen lassen sich mit Brot füttern. Im hinteren Teil des Sees befinden sich große Schilfrasenzonen. Eine kleine Schilfinsel liegt mitten im See.
Die Sicht ist nach Regenfällen und während der Schneeschmelze bescheiden, ansonsten sind möglicherweise 5 m und mehr drin. Zum Baden ist der Bodensee nicht geeignet, auch im Sommer herrschen höchstens 14 °C vor. Zugefroren ist der Bodensee in harten Winterjahren bis in den Mai.
Am Forellenhof kann man sich Ruderboote mieten und im hinteren Teil des Sees tauchen.

Gerade hat dieser Zander ein Rotauge verschlungen.

Dem Lauerjäger Hecht fallen auch die scheuen Döbel zum Opfer.

Unersättlicher Wels. Selbst Seesaiblinge sind nicht vor ihm sicher. Niemand wird verschont. Hier frißt ein Bachsaibling einen unvorsichtigen Molch.

3. Brunnsee
Seehöhe: 631 m; max. Tiefe 2 m

Auf der Strecke zwischen Weichselboden und dem Ort Wildalpen liegt beim Ort Brunn (nur ein paar Häuser groß) der Brunnsee. Flächenmäßig ist er verästelt mit weiten Flachzonen und einem ausgedehnten Schilfgürtel. Eine geringe Fließgeschwindigkeit baut Schlammwolken relativ schnell ab. Im mäßig warmen Wasser tummeln sich Forellen und Äschen. Die Sicht ist gut (5–10 m) und befriedigt auch verwöhnte Gemüter. Für Fotografen empfehlen sich die Schilfzonen. Man findet dort viele Kleintiere und tauchende Ringelnattern. Wegen seiner geringen Tiefe eignet sich der Brunnsee für lange Schnorchelausflüge – mit und ohne Kamera. Unterhalb des langgestreckten Bauernhauses reicht ein Steg ins Wasser. Dort ist die beste Einstiegstelle.
Das mächtige Brunntal öffnet sich zwischen Gschöder und Wildalpen. Es ist landschaftlich äußerst reizvoll. Gespeist wird der Brunnsee aus den Wassern des Hochschwab. Diese fließen entsprechend der Jahreszeit mehr oder weniger stark, deshalb kann seine Größe und Tiefe schwanken.
Achtung: Der Brunnsee ist von der Straße kaum einsehbar. Wer nicht aufpaßt, fährt vorbei. Als Hinweis kann dienen, daß die Abzweigung ca. 16 km hinter Weichselboden linker Hand an der Postautohaltestelle abgeht. Es bestehen Parkmöglichkeiten.

4. Borsee
Seehöhe: 735 m; max. Tiefe 4 m

Er ist etwas schwierig zu finden, liegt er doch unweit der steirischen Grenze in Niederösterreich. Wegen seiner schönen Wasserpflanzen und interessanten Amphibien soll er hier trotzdem Erwähnung finden.
Man biegt auf der Hauptstraße Weyer-Altenmarkt am Hinweisschild „Jagahäusl" ab und fährt (immer rechts halten!) weiter bis zur Schranke. Dort muß man parken und die Gerätschaft ca. 1 Stunde tragen. Nehmen Sie nur das Nötigste mit, der Weg führt an steilen Stellen vorbei. Kleinkinder sind an der Hand zu führen. Vorbei an verfallenen Almen und Holzhütten gelangt man an einen wildromantischen See. Das Wasser ist etwas kühl, Fische gibt es nur wenige, Verkrautungstendenzen sind erkennbar. Die Sichtweiten schwanken je nach Witterung und Jahreszeit zwischen 2 m und 6 m.
Ein abgelegener See mit landschaftlichem Reiz, dessen Besuch in Verbindung mit einer Wanderung die Strapazen lohnt. Zumal in diesem Gewässer kaum je ein Taucher gewesen ist.

5. Der Dürrsee
Seehöhe: 910 m; max. Tiefe 2,5 m

Ein besonderes Erlebnis wird Ihnen zuteil, wenn Sie vom Erlaufsee in Richtung Kapfenberg fahren. Exakt nach 35 km liegt linker Hand etwas tiefer als die Fahrstraße der Dürrsee. Vorbeifahren kann man eigentlich nicht, denn er ist vom Auto aus einsehbar.
Bitte beachten Sie, daß dieses Gewässer in der Uferzone für Ansiedlungsversuche fast ausgestorbener Pflanzen dient. Keinesfalls dürfen Sie Blumen zertreten oder abpflücken. Direkt zum See kann man nicht fahren, eine Schranke versperrt den Weg. Parken Sie eben an der Straße (aber nicht in der Kurve) oder etwas weiter in einem Waldweg.
Für den Taucheinstieg wählen Sie am besten eine der ausreichend vorhandenen Schotterflächen. Wegen der geringen maximalen Tiefe muß man nicht unbedingt ein Gerät mitführen. Inmitten schleimalgenbewachsener Pflanzen flitzen Hunderte von Forellen und Saiblingen umher. Ein Spitzengewässer für Filmer, Fotografen und Taucher mit ökologischer Ader.
Stellenweise droht der Dürrsee zu verlanden. An seiner Peripherie haben die Schleimalgen eigenartige Gebilde geformt: Türmchen, Kuhlen, bizarre Muster und seidenweiche Teppichgeflechte. Vorsichtiges Flosseln ist absolutes Gebot. Da das Wasser eiskalt ist, sollte man nach Möglichkeit trocken tauchen. Die Sichtweiten liegen je nach Jahreszeit bei 8–15 m. Besprechen Sie den Besuch des Dürrsees zuvor mit Harrys Tauchbasis am Erlaufsee, denn nach dem Besuch mehrerer Taucher braucht er einige Tage Ruhepause.
Nicht empfehlenswert ist das Tauchen im Dürrsee nach starken Regenfällen, Gewittern oder in nassen Sommern. Dann nämlich fließt aus dem umliegenden Gebirge Schlamm- und Geröllwasser in die Gewässermulde, so daß deren Transparenz auf Null zurückgeht.

6. Die Ennser Wildwasser
Seehöhe: 650 m; max. Tiefe 3,5 m

Hinter Admont (Richtung Hieflau), nach ca. 10 km, hört man es plötzlich rauschen und donnern. Die Ennser Wildwasser schießen zu Tal. Auf etwa 400 m Länge wälzt und gischtet ein Wassertornado durch Felsen, Rinnen und Canyons. Wegen der eminent schnellen Fließgeschwindigkeit wird die Szenerie auch Höllenwasser genannt.
Dieser Teil der Enns zählt zu den schwierigsten Wildwassern Europas und wird im Kajaksport unter dem Schwierigkeitsgrad 6 eingestuft. Gleich, ob man das Gesäuse im Kajak oder als Taucher im gepolsterten Neopren durchjagt, es bleibt ein Spiel mit dem Tod, dem jedes Jahr einige Wagemutige zum

Opfer fallen. Es ist Flußschwimmen auf die extremste Art. Keine Kamera mitnehmen und auch kein Faß hinterherziehen. Dafür ist der Anzug an Knien und Ellbogen und Hüften dick zu polstern. Ein Helm ist Pflicht. Der Anfang des Wildwassers, Gesäuse-Eingang genannt, beginnt relativ harmlos, um dann in einem Inferno aus Strudeln, Gischt und Wasserstürzen zu enden.

7. Der Erlaufsee
Seehöhe: 827 m; max. Tiefe 38 m

Von vielen Bergseen wird in Superlativen berichtet, aber keiner kann sich direkt mit dem Erlaufsee messen. Er ist mit Sicherheit der fischreichste von allen, und er hat eine Transparenz samt Pflanzenbewuchs, die in den Alpen ihresgleichen sucht. Vielleicht sogar in Europa.

Die Grenze zwischen Niederösterreich und der Steiermark verläuft genau durch den See. Ganz in der Nähe liegt Mariazell, der bekannte Wallfahrtsort. Und hier am Erlaufsee residiert auch Harry Teltschik, Basenleiter der gleichnamigen Tauchschule.

Ohne Übertreibung kann man sagen, daß es nur wenige Binnenseen gibt, in denen man besser zu Schwarmfischaufnahmen gelangen kann. Flußbarsche und Rotfedern sind in solchen Wolken vorhanden, daß man fast von einer Plage sprechen muß. Dabei sind viele der Fische fast handzahm, denn sie haben sich an die vielen Taucher aus dem Raum Wien gewöhnt, die jedes Wochenende den See überfallen. Doch schon am Montag danach ist das Wasser wieder klar wie Glas.

Armleuchteralgen bilden große Grünflächen, Tausendblatt und Laichkraut wuchern, wohin man blickt. Darüber stehen Hechte, gründeln Schleien, ziehen Rotfedern wie an einer Kette vorbei, tauchen Enten nach Futter und lauern Krebse im Hinterhalt.

Nachttauchgänge sind von besonderem Reiz in der Klarheit des Wassers, 10 m Sicht gilt als normal. Ins Wasser gefallene Bäume sind excellente Gegenlichtmotive. Tieftauchgänge zum „Schwabbelland", einer Kolonie von wabernden Seekreidehügeln, versprechen ungewohnte Erlebnisse und Eindrücke.

Mittelmäßige oder schlechte Tauchgebiete gibt es im Erlaufsee nicht. Überall ist es interessant, wird man von der Vielfalt der UW-Landschaften überrascht. Rücksichtnahme gegenüber den Anglern ist allerdings geboten. Manche Stellen sind als Laichzonen ausgewiesen, Sportfischer dürfen nicht belästigt werden. Gäste des „Gasthof zum Seewirt" haben Privilegien, denn zum Anwesen gehört auch ein Uferteil des Sees, von dem aus man aufregende Abstecher in den schwer zugänglichen Nordteil des Sees machen kann.

Der Erlaufsee gilt als einer der fischreichsten Bergseen in Österreich.

Im Schlamm des Erlaufsees liegen noch Waffen aus dem 2. Weltkrieg, die sind aber erstens schwer zu finden und zweitens nicht ungefährlich zu bergen, was wiederum verboten ist.

Die phänomenale Transparenz, trotz des regen Besuchs vieler Taucher, hat seine Ursache im Zufluß der Erlauf, eines kleinen Wildbachs, der den See in Längsachse durchquert und viele Trübstoffe mitnimmt.

Zu den absoluten Topecken gehört das Refugium links des Erlauf-Eintritts in den See. Wunderschöne Schleimalgen, massig Fische und leuchtende Pflanzen eröffnen ein Dorado für Fotografen und Filmer. Seeforellen und Hechte jenseits der 1-Meter-Marke sind keine Seltenheit. In der Nähe des Bootsverleihs und der Surfschule müssen Sie mit dem Auftauchen vorsichtig sein (oder eine Taucherboje mitführen).

Ein Badesee im eigentlichen Sinne ist der Erlaufsee nicht, dazu ist sein Wasser zu kalt. Auch im Sommer steigt seine Temperatur selten über 21 °C. Aber das garantiert eben die ausgezeichnete Wasserqualität und seine Tauchverträglichkeit, die ohne weiteres hundert Taucher am Tag verkraftet. Schließlich ist der Erlaufsee ja über einen Kilometer lang.

8. Der Erlauf-Stausee
Seehöhe: 812 m; max. Tiefe 10 m

Unweit der Ortschaft Mitterbach erstreckt sich der gut 2 km lange Stausee. Im Mittel ist das Gewässer nur 4 m tief, an der Staumauer fällt der Seegrund aber weit ab. Jährliche Absenkungen verändern zeitweise die Höhe des Wasserspiegels.

Das Wasser ist nicht sonderlich klar, hat aber eine höhere Temperatur als die anderen Gewässer in der Gegend. Den Grund bedeckt eine dicke Schlammschicht, in der noch Munition und Waffen versteckt sind. Suchen und Bergen sind polizeilich verboten.

Ebenso lohnend, aber ungleich harmloser ist der Besuch eines alten Schuppens, der im See steht. In seinem Bereich halten sich auch immer Fische auf. Etwas kahl wirkt der See stellenweise am Ufer, weil sich nur wenig Vegetation in der Flachzone ausgebreitet hat. Vereinzelte Äste und kleinere Bäume sorgen unter Wasser für etwas Abwechslung.

9. Erlaufteich
Seehöhe: 830 m; max. Tiefe 5 m

Man fährt vom „Seewirt" (am Erlaufsee) ca. 700 m in Richtung Lunz. Linker Hand liegt die von Regenwasser aufgefüllte Lacke hinter einem verfallenen und schon vor Jahren errichteten Maschendrahtzaun. Der Zugang zum Wasser erfolgt durch die Lücken zwischen den Straßenbäumen (neben dem Zaun), hier kann man auch auf dem Parkstreifen das Auto abstellen. Tauchen und Schnorcheln ist trotz der Einfriedung nicht verboten, man muß aber vorher über Harrys Tauchschule die Genehmigung einholen.

Die Transparenz im Erlaufteich ist insbesondere nach Trockenperioden extrem gut. Es können sich 10–15 m Sicht einstellen. Im giftgrünen Wasser türmen sich Algen und Wasserpflanzen oft bis zur Wasseroberfläche.

Das besondere an dieser Kiesgrube ist der Bestand an Kleinlebewesen wie Wasserinsekten, Kammolchen, Kaulquappen (bis in den Spätsommer hinein) und Fröschen. Ein absolutes Spitzengewässer für Makrofotografen und Filmer. Durch das Fehlen von Fischen konnten sich die kleinen Räuber quantitativ extrem gut entwickeln. Auffallend ist die hohe Population im Bereich der Gelbrandkäferlarven und Rückenschwimmer. Auch die selten gewordenen Furchenschwimmerlarven sind recht häufig. Und wer sie noch nie gesehen hat, hier findet er sie: Molchlarven in den zartgrünen Algen am Gewässergrund.

Gespeist wird der Erlaufteich hauptsächlich durch Regenfälle. Kleine Quellen drücken dann den Wasserspiegel auf ca. 3–4 m Höhe. In schneereichen Jahren steigt der Pegel auch schon mal über 5 m an.

Wegen des kleinen Wasservolumens sollten nicht mehr als drei Taucher gleichzeitig darin verweilen. Anschließend muß dem Kleintier-Biotop eine mehrtägige Ruhepause gegönnt werden. Unkontrolliertes Tauchen trübt den Erlaufteich milchig, weil der Untergrund zum größten Teil aus Kalksteinsedimenten besteht. Die weißen Wolken benötigen dann Tage, um abzusinken.

Zum Schnorcheln und Tauchen ist ein warmer Anzug erforderlich. Wohl hat es an der Oberfläche im Sommer 22 °C, aber am Teichgrund ist es wegen der Quellen eisig kalt.

Der Besuch dieses in seiner Art einmaligen Gewässers muß mit der gebotenen Rücksicht und Umsicht erfolgen. Tauchübungen sind grundsätzlich zu unterlassen, Anfänger sollen hier nicht mit der Flasche ins Wasser gehen, wenn das Tarieren noch Probleme bereitet.

10. Der Grünsee
Seehöhe: 780 m; max. Tiefe 3 m

Fährt man vom Dürrsee 3 km weiter in Richtung Kapfenberg, ist der Grünsee nicht zu übersehen. Direkt neben der Hauptstraße mit Parkplätzen und Sitzbänken liegt das grüne Schmuckstück verträumt zwischen den Bergen. Die tiefsten Stellen messen kaum drei Meter, und große Flächen drohen zu verlanden. Baden kann man allerdings angesichts einer Wassertemperatur von weniger als 10 °C nicht. Aber dafür ist die Transparenz besonders hoch. Zwischen zehn und fünfzehn Meter beträgt sie im Durchschnitt. Allerdings darf es vorher nicht stark geregnet haben. Dann nämlich führt der in den See mündende Zufluß aus dem Gebirge und dem etwas höherliegenden Dürrsee Schmutzwasser mit, was schnell zur Eintrübung des ansonsten glasklaren Salmonidengewässers führt.

Der stetige Zu- und Abfluß einschließlich diverser Quellen sorgt im Regelfall für einen Wasseraustausch in weniger als 24 Stunden. Auch nach dem Besuch von mehreren Tauchern klärt sich der Grünsee relativ schnell.

Tauchen oder Schnorcheln sollte man dennoch mit Bedacht und Überlegung, denn die filigranen Wasserpflanzen sind eine Augenweide für sich. Flächenweise hat sich die Armleuchteralge ausgebreitet.

Hervorstechender Besatz: Hunderte von Forellen, große und kleine – man kann sie anfüttern. Für Forellenfotografen noch ein Tip: Legen Sie einen 100 oder 200 ASA Film in die Kamera, dann können Sie im hellen Sonnenschein in diesem Flachgewässer selbst mit mittleren Blenden auch ohne Blitz die flinken Salmoniden ablichten.

11. Der Grünersee
Seehöhe: 776 m; max. Tiefe 8 m

Wer es nicht gesehen hat, glaubt es nicht. Das smaragdgrüne Wasser hat nach längeren Trockenperioden eine Sichtweite von gut 50 m. Als Kristallsee oder Bergedelstein wird er bezeichnet, Taucher sprechen von einem der schönsten Tauchgewässer Europas.

Im Frühjahr und Frühsommer dringen die Schmelzwasser des Hochschwabs (Kalkstein!) als unterirdische Eiswasserquellen in den See. Man sieht dann die Quellkuhlen, in denen kleine Schlammeruptionen im Wasser stehen. In regenreichen Jahren und nach harten Wintern steigt der Wasserspiegel dann bis auf 8 m an.

Genauso verkommt der Grünersee in einem heißen Sommer zur Lacke mit nur 1 m Tiefe, wenn es wochenlang nicht geregnet hat. Der See bildet dann zwei Wasserflächen, weil im hinteren Teil ein kleiner Damm aus den Fluten steigt.

*Einer der klarsten und schönsten Alpenseen Europas,
der Grünersee bei Tragöß.*

Pflanzenbewuchs gibt es so gut wie nicht, dafür bilden sich nach sonnigen Perioden kontrastierende Schleimalgenfelder in den Uferzonen.
Faszinierend ist das stellenweise Blau des Wassers. Es rührt einerseits von den großen Kreideflächen am Seegrund her, die ein starkes Reflexionsvermögen haben, andererseits von der Transparenz selbst. Badefreuden kann der Grünersee mit nur 6–10 °C nicht vermitteln. Auch die Fauna ist artenarm. Im Schlamm kriechen unzählige Köcherfliegenlarven, das Freiwasser beherbergt einige Hochgebirgsforellen, darunter auch Kümmerformen, denn im Winterhalbjahr ist der Grünersee total zugefroren.
Verlegen Sie sich auf Taucheraufnahmen, man braucht dazu nicht mal eine Preßluftflasche, wenn kein Hochwasser im Seebecken steht. Obwohl man im Grünersee nichts zerstören kann außer der Sicht, sollten nur kleine Tauchgruppen (max. 5–10 Mann) den See gleichzeitig besuchen, sonst kann man die UW-Fotografie ad acta legen. Es versteht sich von selbst, daß man mit der gebotenen Umsicht agiert, man ist das diesem Kleinod einfach schuldig. Kein Zweifel, der Grünersee ist eines der klarsten Alpengewässer mit einer märchenhaften Wasserfarbe, und das soll schließlich so bleiben.
Fahren Sie von Bruck/Mur ins Untertal nach Tragöß, bis die Straße endet. Der Weg zum See ist beschildert. Von Harrys Tauchschule fährt man allerdings 90 km.
Parkplätze fast direkt am See gibt es am Gasthaus „Seehof". Wer übernachten will, sollte mit dem Auto zum Seerestaurant „Am Grünen See" fahren. Es liegt auf einer kleinen Halbinsel, besitzt eine Seeterrasse und einige Fremdenzimmer.
Zum Schluß noch ein Fotografentip. Im Frühsommer sind die Uferzonen samt der Fußwege und Sitzbänke überschwemmt. Es lassen sich dann ungewöhnliche Tauchperspektiven fotografisch umsetzen, weil der Wald bis ans Ufer reicht. Durchsichtsaufnahmen, Taucher auf Sitzbänken, Landpflanzen unter Wasser, Forellen über Wanderwegen oder Spiegelungen mit Bäumen im Hintergrund.

12. Der Hartlsee
Seehöhe: 800 m; max. Tiefe 5 m

Biegen Sie im Ort Wildalpen am Schild „Hinterwildalpen" ab, folgen Sie der Straße in Richtung Siebensee. Parkplätze befinden sich vor der Schranke.
Von nun an geht's bergauf, 45 Minuten schleppt man das Equipment. Doch es lohnt sich. Der Hochschwab-Smaragd, wie man den Hartlsee getauft hat, ist eine Tauchpretiose, wie man sie kaum noch findet. Reinstes Trinkwasser schimmert zwischen den Bäumen hindurch. Als UW-Fotograf steht man überwältigt vor dieser Kulisse. Im glasklaren Grün ziehen Saiblings- und Forel-

Abgeschieden liegt der Hartlsee in den Bergen, seine Sichtweite beträgt etwa 50 m horizontal.

Ein verfallener Steg ragt in das grüne Kleinod.

Tauchen in einer anderen Welt. Algen und Saiblingsschwärme im Hartlsee.
Aber die Ausrüstung muß vorher an das Gewässer geschleppt werden.

lenschwärme ihre Bahn. Weiße Kreideflecken beleben den algenbedeckten Untergrund, unterbrochen von gelegentlich versunkenem Bruchholz. Ein Traumsee mit schätzungsweise 30 m Sicht oder auch mehr. Eiskalt ist das Wasser, Baden ist unmöglich. Ein alter, verfallener Holzsteg reicht weit in den See. Unter ihm kann man durchtauchen und die verbliebenen Balken mit Taucher im Gegenlicht fotografieren. In tiefer gelegenen Mulden ruhen oft Salmoniden, man kann sich ihnen auf Makrodistanz nähern. Kräftige Zuflüsse aus dem Hochschwab und ein breiter Abfluß sorgen minutenschnell wieder für extreme Klarheit, selbst wenn mehrere Taucher im See gewerkelt haben. Durch die hohen Bäume um den Hartlsee scheint die Sonne flächenmäßig nicht gleichmäßig in ihn hinein. Starten Sie deshalb morgens nicht zu spät, sonst liegen die hinteren Stellen des Sees im Dämmerlicht – und gerade da liegen viele versunkene Bäume. Herrlich anzusehen sind die durch Wellengang und Lichtbrechung hervorgerufenen Sonnenkringel auf dem zartgrünen Untergrund. Dieser gleicht dann einem irisierenden Lichterspiel aus Sonnenstrahlen und Algenflecken.

Von einstmals sieben idyllisch gelegenen Seen blieb nur der Hartlsee übrig. Mit dem Bau der Wiener Hochquellenleitung verschwanden Rollersee, Lindnersee, Kesselsee, Waldsee, Ahrerlacke und Dürverlacke. An sie erinnern heute nur noch Wiesenmatten und sumpfige Mulden.

Der Hartlsee, einst Fischwasser des Stiftes Admont, liegt in einem Quellschutzgebiet. Jeglicher Autoverkehr ist untersagt. Nehmen Sie den Umweltschutz hier wirklich ernst. Keine Abfälle, kein Zelten und kein Lagern, Angelverbot. Machen Sie um das Tauchen kein großes Aufheben, verlassen Sie den Hartlsee wieder so leise und unauffällig, wie Sie ihn betreten haben. Er soll das bleiben, was er ist: eines der reizvollsten und schönsten Tauchgewässer Mitteleuropas.

13. Der Hechtensee
Seehöhe: 887 m; max. Tiefe 5 m

Fahren Sie vom Erlaufsee in Richtung Zellerrain, ca. 2 km hinter der Abzweigung zum Hotel „Marienwasserfall" windet sich rechter Hand ein Feldweg ins Gelände. Diesem folgen Sie; nach einigen 100 m steht man am See.

Der Hechtensee ist ein Privatgewässer und gehört der Familie Kaptsch. Falls das Tor zum See verschlossen ist – die bewirtschafteten Wiesen sind eingezäunt –, muß man um die Zutrittsgenehmigung anfragen. Sie wird gewöhnlich erteilt.

Das relativ flache Gewässer ist klar, am Ufer stark bewachsen, viele Unterhöhlungen geben der Unterwasserlandschaft ein interessantes Flair.

Der Name Hechtensee kommt nicht von ungefähr. Früher fingen die Fischer hier kapitale Hechte. Große Räuber beherbergt der See immer noch, daneben aber auch andere Fischarten in großer Zahl. Wegen des feinen Mulms am Untergrund muß sehr vorsichtig agiert werden; es sollten nicht mehr als 2–3 Fotografen gleichzeitig in die Fluten steigen. Wählen Sie Ein- und Ausstieg an derselben Stelle. Zur Vermeidung von Schlammwolken darf man sich im Flachwasserbereich nicht hinstellen.

14. Der Hieflauer Stausee
Seehöhe: 503 m; max. Tiefe 6 m

Das Gewässer dient als Ausgleichsspeicher für das dortige Kraftwerk. Man kann bis zum See mit dem Auto fahren, Parkraum ist vorhanden. Baden und Tauchen sind im Bereich der Staumauer verboten. Halten Sie etwas Abstand, dann gibt es auch keinen Ärger mit dem Kraftwerksbetreiber.
Die Sicht ist nicht sonderlich gut (2–3 m), kann aber gelegentlich bis auf über 5 m aufreißen. Unter Wasser begegnen Ihnen wenig Pflanzen, aber viele Felsbrocken. Fische sind nur sporadisch vorhanden.
Der Weg zum Stausee ist nicht beschildert, die Zufahrt geht im Ort Hieflau ab. Holen Sie von den Einheimischen Auskunft ein.
Von seiner Struktur und Transparenz her ist der Hieflauer Stausee ein Fisheye-Gewässer. Er liegt abseits jeglicher Ferienrouten etwas versteckt in einem wenig besuchten Gebiet.

15. Der Hubertussee
Seehöhe: 825 m; max. Tiefe 6 m

Das ehemalige Jagdgebiet von Kaiser Franz Josef steht heute unter Naturschutz. Gleichwohl kann man die Gegend mit dem Auto befahren. Zum Hubertussee gelangt man über den Rechengraben, ein Tal, das sich links des Weges nach Mürzzuschlag, ca. 2 km hinter Mariazell, in die Landschaft erstreckt. Von Harrys Basis sind es etwa 8 km zum See.
In guten Zeiten hat das Gewässer 5–6 m Sicht, normal sind aber 3 m. Im Bereich der Wohnhäuser liegen viele Artefakte vergangener Zeiten im Schlamm. Es sollen auch Waffen und Munition versenkt worden sein.
In und am Hubertussee tummeln sich im Frühjahr zur Paarung viele Kröten und Frösche. In den Flachzonen wurden auch schon Molche beobachtet. Forellen, Barsche, Weißfische und Hechte durchstreifen die von Schleimalgen bewachsenen Uferbereiche.
Die urwüchsige Gegend lädt zum Wandern ein, Ausflüge zum Jagdschloß des Kaiser Franz Josef und ins Fadental bereichern den Tagesablauf unterneh-

mungslustiger Urlauber. In der Walster, einem Bach im Walstertal, gibt es viele Gumpen und tiefe Stellen, in denen man schnorcheln kann. Das sehr klare Wasser eignet sich vorzüglich für das Fotografieren von Forellen. Die Walster selbst ist ein idyllisch geschwungener Bach in einer romantischen Wald- und Wiesenlandschaft mit vielen Beeren und Pilzen.

16. Der Hüttensee
Seehöhe: 1.500 m; max. Tiefe 5 m

Etwa 1,5 km fährt man vom „Forellenhof" (am Bodensee) den Bodensee entlang bis zur Materialseilbahn. Hier können nun die Geräte und Kameras verladen werden. Der Lift endet an der Wödlhütte.
Ein ziemlich steiler Anstieg (400 Höhenmeter) muß bewältigt werden, dann liegt unten der Hüttensee, ein extremes Tauchgewässer in 1.500 m Höhe, sehr kalt, sehr klar, viele Steine, aber sonst relativ tot.
Wem das noch nicht genügt, der kann weitermarschieren zum Obersee. Und auf die Spitze treibt man es, wenn im Pflannsee getaucht werden soll: extrem abgelegen, Almrausch am Ufer, Felsgrund, klar, nur dem totalen Bergseefreak zu empfehlen.

17. Die Kreuzlacke
Seehöhe: 762 m; max. Tiefe 1 m

Direkt neben dem Kreuzteich, aus dem sie gespeist wird, liegt die Kreuzlacke. Das Wasser ist exem klar und entsprechend kalt.
Am Seegrund hat die Wasserpest große Teile in Besitz genommen. Andere Pflanzen kommen nur sporadisch vor. Dagegen flitzen viele Forellen im transparenten Naß. Und jede Menge Enten bevölkern die Lacke. Man kann sie anfüttern und sogar unter Wasser beim Fressen fotografieren.
Das klare Gewässer und der pflanzliche Untergrund eignen sich zudem hervorragend für Halb- und Halbaufnahmen.

18. Der Kreuzteich
Seehöhe: 885 m; max. Tiefe 1,5 m

An der Pfarrlacke (beim Grünersee) biegt links ein Wanderweg ab (beschildert!), der nach 5 Minuten am Kreuzteich endet.
Die Wasserfläche ist recht groß. Fütterungswillige Enten kann man mit altem Brot anlocken. Als einzige Fische sind Forellen und Groppen auszumachen.

Eiskalt ist das Wasser, aber phantastisch klar. Die Sicht beträgt etwa 20–30 m. Fotografen werden die idyllische Lage des Kreuzteiches zu schätzen wissen. Landschaftsaufnahmen sowohl an Land als auch unter Wasser versprechen bleibende Eindrücke.
Malerisch ist der Teichgrund mit Wasserpest bewachsen, die gelegentlich durch weiße Kreideflecken unterbrochen wird.
Am Abfluß des Kreuzteiches und an seinen Zuflüssen stehen wunderschöne Salmoniden. Bei Nachttauchgängen lassen sie sich schnorchelnderweise mit dem Makro ablichten.

19. Der Leopoldsteinersee
Seehöhe: 628 m; max. Tiefe 28 m

Er ist der größte aller Hochschwabseen, gelegen bei Eisenerz. Im Sommer bevölkern viele Urlauber und Ausflügler seine Ufer, Bootfahren und Baden gehören zu den Hauptaktivitäten der Besucher. Das Wasser ist nicht sonderlich kalt, weshalb ein kräftiger Naßtauchanzug für UW-Exkursionen ausreicht. Schwankend ist die Sicht im See. Nach Regenfällen trübt er völlig ein, um dann nach wochenlanger Trockenheit zur passablen Transparenz aufzuklaren. Fische gibt es reichlich, Hechte, Barsche, Rotaugen, Groppen und auch Forellen bevölkern den See. Am Ostufer ist ein großer Campingplatz gelegen, der die touristische Bedeutung des Gewässers unterstreicht. Zu empfehlen ist das Tauchen mit gemieteten Ruderbooten, mit deren Hilfe man an einsame Stellen und Buchten gelangt. Versunkene Bäume, Felsen und Steilabfälle sorgen für Abwechslung.
Beste Tauchzeit ist die Nachsaison ab Ende August. Wenig Fremdenverkehr und bessere Sicht sind einem gewiß. Lohnend ist der Besuch von Eisenerz und des mächtigen Erzberges.

20. Der Lunzer Untersee
Seehöhe: 650 m; max. Tiefe 34 m

Die Stadt heißt Lunz am See und ist der Ausgangspunkt zu drei wunderschönen Gewässern. Das größte davon ist der Lunzer See. Eine Wegbeschreibung erübrigt sich, der See ist auf Landkarten verzeichnet.
Man fährt am besten am Seebad vorbei bis zum hinteren Teil des Sees. Neben der Pumpstation gibt es Parkplätze. Der Zutritt zum Wasser ist bequem über eine Kiesfläche erreichbar. Selbst in regnerischen Sommern hat er immer 5–7 m Sicht. Nach Trockenperioden klart er auf über 10 m auf.
Die Wasserpflanzen sind einmalig schön, vier Meter Höhe erreichen sie auf

Nur wenige Menschen haben im Lunzer Obersee getaucht (oben). An vielen Seen erleichtert ein Boot das Tauchen an abgelegenen Stellen (rechts). Wie ein Märchensee liegt der Leopoldsteinersee in der Landschaft (unten).

dem leicht abfallenden Seegrund. In einsamen Buchten, die nur vom Wasser aus erreichbar sind, haben sich Teichrosenkolonien gebildet. Beachten Sie: Diese Pflanzen stehen unter Naturschutz. Pflücken und Beschädigen sind verboten. Viele Forellen, Elritzen und Schmerlen bevölkern die dicht bewachsenen Uferzonen. Barsche und Weißfische sind selten, Hechte scheinen eigenartigerweise zu fehlen, jedenfalls wurden nie welche beobachtet. Verschiedentlich wurden Karpfen gesichtet. Es sollen Überbleibsel eines mißglückten Besatzversuches sein. Der Lunzersee ist ein ideales Nachttauchgewässer – versunkene Bäume sind nur vereinzelt vorhanden, die Zugänge zum Wasser ungefährlich.

Am Tage bitte auf Surfer achten, da der See ein beliebtes Freizeitgewässer ist. Im Herbst entfaltet sich hier eine malerische Szenerie durch die bunten Blätter, die ins Wasser fallen.

Ein See für Filmer und Fotografen, der aber ohne weiteres auch größere Tauchgruppen verträgt. Seine frühere Reinheit hat er nach dem Bau einer Ringleitung wieder erhalten. Es gibt Tage, da ist in 30 m Tiefe noch soviel Tageslicht vorhanden wie in mondhellen Nächten an Land. Der Kalkgehalt bindet Humusstoffe, teils schimmert das Wasser bläulich.

Zu den Toperlebnissen zählen Begegnungen mit den riesigen Seeforellen, die aber weitab der Uferzonen im Freiwasser stehen. Die größten Fänge maßen über einen Meter Länge und waren mehr als 20 kg schwer.

21. Der Lunzer Mittersee
Seehöhe: 767 m; max. Tiefe 4 m

Die Gehzeit vom Lunzer Untersee beträgt über eine Stunde. Der Privatweg darf nicht befahren werden. Eventuelle Genehmigungen erteilt Forstmeister Kupelwieser in seinem schloßähnlichen Anwesen am Ende des Untersees. In der Regel wird die Fahrerlaubnis nur erteilt, wenn ein wissenschaftliches Interesse vorliegt. Bei positivem Bescheid kann der Mittersee mit einem normalen Auto angefahren werden.

Etwa 2,5 ha ist der Lunzer Mittersee groß, relativ flach, aber phänomenal klar. 15–20 m beträgt die Sicht im Durchschnitt. Zahlreiche Quelltrichter, die über den Mittel- und Südteil des Sees verteilt sind, ergießen sauberes, eiskaltes Wasser in ihn. Entsprechend niedrig sind die Temperaturen, nur 4–7 °C. Dadurch ergibt sich die biologische Merkwürdigkeit, daß Forellen zu normalem Wachstum gelangen, während die Saiblinge zu Kümmerformen (Schwarzreuterpopulation) degenerieren.

Wie die wenigen Barsche in den See gelangten, ist rätselhaft. Der Pflanzenbewuchs ist einseitig; am Seeboden wachsen hauptsächlich Armleuchteralgen.

Auch wenn die Schlepperei an den Mittersee etwas mühselig und umständlich ist (Schnorcheln reicht eigentlich aus), bleibt das Erlebnis der großartigen Transparenz. Selbst viele Taucher schaden dem Mittersee qualitativ kaum, weil ständige Zu- und Abflüsse das Gewässer in wenigen Stunden zur alten Klarheit reinigen. Übermäßige Frequentierungen verhindert schon allein die abgelegene Lokalität des Mittersees.

22. Der Lunzer Obersee
Seehöhe: 1.117 m; max. Tiefe 15 m

Nochmals 2 Stunden Schleppen stehen Ihnen bevor, wenn Sie vom Lunzer Mittersee aus starten. Fahren ist nur mit geländegängigen Fahrzeugen möglich, an einigen Stellen braucht man sogar Allrad. Der Weg ist steil, steinig und wird teilweise von losem Untergrund bedeckt.
Schwingrasen macht aus dem Obersee ein Hochmoorgewässer, mehr als 5 m Sicht stellt sich kaum ein. Wollgras und Sonnentau gedeihen auf dieser Basis hervorragend.
Teils kann man unter dem Schwingrasen hindurchtauchen. Unheimlich gelb-grünes Dämmerlicht umhüllt den Taucher, den farbige Saiblinge begleiten. Die Atmosphäre ist gespenstisch und unwirklich. Das Gewässer ist oft Gegenstand studentischer Untersuchungen, die von der biologischen Seestation des Lunzer Untersees geleitet wird.
Eine kleine Felseninsel hat sich im Flachmoorbereich gebildet. Auf ihr brüten Wildenten. In der Uferzone schlängeln sich riesige Egel aalgleich über den Untergrund.
Der Lunzer Obersee ist ein meromiktisches Gewässer, dessen Tiefenwasser einer Dauerstagnation unterliegt. Zwischen durchmischter Oberschicht und unbelüfteter Unterschicht befinden sich Moorbakterien, die aus Schwefel-wasserstoff und Sauerstoff, beides im Wasser gelöst, elementaren Schwefel erzeugen. Einzelne dieser Bakterienstämme sind so rot wie Himbeersaft. Vermutlich liegen im Obersee auch noch Flugzeugmotoren aus dem 2. Welt-krieg, denn unweit des Gewässers lag eine Versuchsstation zur Erprobung kältetauglicher Verbrennungsmaschinen.

23. Der Mürz-Stau
Seehöhe: 669 m; max. Tiefe 5 m

Die Mürz fließt durch das gleichnamige Mürztal. Der Fluß ist gewunden, manchmal etwas reißend und ist an einigen Stellen aufgestaut. Im Bereich des Kraftwerkes hat die Mürz akzeptable Tiefen erreicht.

In den Gumpen und Stauungen tummeln sich viele Äschen und Forellen. Bei Hochwasser kann man über längere Strecken flußtauchen. In der Regel gilt die Mürz als klarer Fluß mit guter Sicht. Kritisch wird es nach starken Regenfällen und wenn Straßenarbeiten im Uferbereich vorgenommen werden, dann trübt das Wasser etwas ein.

Achtung: Beim Tauchen ist ein Abstand von mindestens 50 m zur Staumauer des Kraftwerkes einzuhalten. Gefahr durch Ansaugschächte und Überlaufrinne!

Es lohnt ein Besuch der Stadt Mürzzuschlag. Sie finden dort das größte Skimuseum der Welt. Unweit des Mürz-Staus schießt der Wasserfall „Zum toten Weib" aus einer Felswand. Der Sage nach wurde hier eine herrische Frau von ihrem Mann in den Abgrund gestoßen. Ungeklärt ist noch, ob das aus dem Berg austretende Wasser aus einem unterirdischen See stammt.

24. Die Ötschergräben
Seehöhe: 620–860 m; max. Tiefe 4 m

Ein Tauchgebiet, das eigentlich gar keines ist – und gerade deshalb ein Leckerbissen besonderer Art. Wissen Sie, was Gumpentauchen ist? Wenn nicht, können Sie es hier in einer Form kennenlernen wie sonst kaum irgendwo.

Die Ötschergräben sind ein Gebiet tief eingeschnittener Täler, Rinnen und Spalten, in denen Wasser sprudelt, so hell und klar, daß man von außen an den Forellen sogar das Schuppenmuster erkennen kann.

Die Anfahrt erfolgt bis Wienerbruck, ca. 16 km vom Erlaufsee entfernt. Parken kann man am „Hotel Burger", dann muß man dem gut beschilderten Fußweg folgen. Das ist der eigentliche Haken an der Sache: Man muß die Ausrüstung schleppen. Allerdings tut es hier auch die Schnorchel-Ausrüstung oder ein 3-Liter-Fläschchen, denn die Gumpen sind allesamt nicht besonders tief. Neopren ist jedoch erforderlich bei Wassertemperaturen von sechs bis acht Grad. Auch wenn man nicht tauchen will, die Ötschergräben sollte man gesehen haben. Gischtende Wasserfälle, Stromschnellen, schwierige Passagen und über allem eine urweltliche Landschaft.

Für Wanderungen mit Kleinkindern sind die Ötschergräben nicht das Richtige. Sechs Jahre sollte das Grenzalter betragen, denn man balanciert hin und wieder am schwindelnden Abgrund und über schmale Stege. Am Ende der Gräben hängt eine Jausenstation am steilen Fels. Hier gibt es Erfrischungen, deftige Vesper und sogar Eis.

*Moderlieschen leben in flachen, warmen und stillen Nebenarmen
und Waldweihern (oben). Asiatischer Einwanderer. Tolstolobs ernähren sich
von Schwebealgen und Zooplankton (unten).*

25. Pfarrerlacke
Seehöhe: 890 m; max. Tiefe 2 m

Vom Grünersee führt ein ca. 45minütiger Waldweg bis zur Pfarrerlacke. Die Strecke ist beschildert. Man kann aber auch fahren, doch sollte das Fahrzeug geländegängig sein (Jeep, VW-Bus etc.). Niedriger Pflanzenbewuchs und Algen prägen die UW-Landschaft. Das Wasser ist klar, an manchen Tagen kann man quer durch die Lacke hindurchsehen. Das eröffnet Perspektiven sowohl für Halb- und Halbaufnahmen als auch für einprägsame UW-Landschaften. Große Schilf- und Verlandungszonen begünstigen das Vorkommen von Kleintieren. Fische fehlen fast ganz, nur einige zähe Arten haben sich durchgesetzt. Gespeist wird die Pfarrerlacke durch Regen- und Schneefall. Im Frühjahr fließt Schmelzwasser in das Seebecken. Die Wassertemperatur ist im Jahresmittel entsprechend kühl. Ein Tauchgerät ist zur Erkundung des Gewässers nicht erforderlich, wohl aber ein Tauchanzug.

26. Der Pfarrteich
Seehöhe: 760 m; max. Tiefe 1,5 m

Auf der Fahrt zum Grünersee fährt man am Pfarrteich vorbei. Eine große Hinweistafel gibt kurz vorher Auskunft über die Seen und Teiche im Erholungsgebiet des Grünersees. Der Pfarrteich ist ein typisches Schnorchelgewässer. Bei idealen Bedingungen kann man unter Wasser das gegenüberliegende Ufer erkennen, und das sind mindestens 40 m Sicht. Durch extendierenden Lichteinfall ist der Teichgrund im Sommer fast zugewachsen. Das Gewässer ist etwas kühl, vermutlich dringt Sickerwasser aus der Hochschwabregion in das Teichbecken. Forellen und Insektenlarven bilden die einzigen Populationen. Einige Entenfamilien bevölkern die Uferzonen und gründeln im Flachwasser. Um den Pfarrteich ergeben sich viele Wandermöglichkeiten. Pilzesammler und Beerensucher finden ein abwechslungsreiches Landschaftsgebiet. Parkmöglichkeiten gibt es direkt am Pfarrteich oder unweit davon auf einem ausgeschriebenen Platz.

In flachen Gewässern wie dem Pfarrteich genügt die Schnorchelausrüstung.

27. Der Sackwiesensee
Seehöhe: 1.414 m; max. Tiefe 6 m

Der höchstgelegene See im Hochschwab ist gleichzeitig auch der abgelegenste. Sie müssen mit einer Wanderzeit von gut 6 Stunden rechnen. Nehmen Sie nur das Notwendigste der Tauchausrüstung mit und auch die kleinste und leichteste UW-Kamera. Man fährt am besten das Illnertal hinauf bis Bodenbauer und startet von dort zur Sonnscheinhütte. Der See ist nur etwas für Idealisten. Fotografen sollten sich merken: Ein großes Gehäuse kann man da kaum mehr mitnehmen. Die Nikonos ist das äußerste.

Mit einer Länge von knapp 300 m ist der Sackwiesensee der flächengrößte See im Hochschwab. Zum Baden ist er weniger geeignet, auch wenn das in vielen Fremdenführern propagiert wird; selbst im Hochsommer steigen die Wassertemperaturen kaum über 10 °C. Entstanden ist der Sackwiesensee durch Schmelzwasser und Regenfälle, die sich auf wasserundurchlässigen Werfener Schiefern gesammelt haben. Das Umfeld des Sackwiesensees gilt unter Pilzkennern als sehr ergiebig (Eierschwammerl!). Überragt wird der See von der Vorderen Graser Wand (1.994 m) und der Seemauer, einer fast 1.800 m hohen Erhebung.

Die felsige Uferzone ist stellenweise von eiszapfenähnlichen Schleimalgen übertüncht. Pflanzen sind kaum vorhanden, die wenigen stammen meistens von überschwemmten Almwiesen. Trotzdem handelt es sich um eine äußerst fotogene Lokalität, in der leider aufgrund des hohen Sulfatgehalts des Wassers keine Fische überleben können. Schwankend sind die Sichtweiten (bis ca. 10 m), die je nach Witterung auch mal unbefriedigende Werte annehmen können.

Man sollte sich den Strapazen zu den abgelegenen Hochschwabseen nur unterziehen, wenn es längere Zeit nicht geregnet hat und das Hoch anhält. Taucherisch nicht lohnend ist der Weg generell während der Schneeschmelze, doch entschädigt einen die urwüchsige Landschaft zusammen mit einer Totenstille in einer der abgeschiedensten Gegenden der Steiermark.

28. Die Salza-Altwasser
Seehöhe: 651 m; max. Tiefe 2 m

Nur unweit vom Ort Gußwerk an der Straße nach Weichselboden erstrecken sich die Salza-Altwasser: romantisch, idyllisch, einsam. Das Auto parkt man am Weg zum Gleißnerhof. Man sollte sich dort auch umziehen, weil die Ufer etwas steil abfallen und dicht bewachsen sind.

Die Altwasser beherbergen unglaublich viele Fische wie Karpfen, Schleien,

Weißfische und Barsche. Jahreszeitlich bedingt liegen die Sichtweiten bei 2–4 m, entschädigt wird man aber durch einen unglaublichen Pflanzenbewuchs, der den ganzen Grund bedeckt.
Verwenden Sie zum Fotografieren ein Weitwinkel, es gelingen dann tolle Durchsichtsaufnahmen mit ins Wasser hängenden Bäumen und der Sonne im Hintergrund.

29. Der Salza-Stausee
Seehöhe: 664 m; max. Tiefe 8 m

Die Aufstauung beginnt gleich hinter dem Bergsteigerort Weichselboden. Besuchen Sie dort den kleinen Friedhof mit interessanten und nachdenklichen Grabinschriften.
Das Ende des Staus wird markiert durch die Presceny-Klause, ihres Zeichens das bedeutendste forsttechnische Bauwerk seiner Art. Es diente bis 1954 der Flößerei auf der Salza. Erbaut wurde es in den Jahren 1840–1842 von den österreichischen Bundesforsten. Seit 1975 steht die Klause unter Denkmalschutz.
Stauseen haben es so an sich, daß sie fast alle etwas trüb sind. Es liegt daran, daß sich in ihnen neben dem Wasser auch der gesamte Unrat und Schmutz sammelt. So sind die Sichtweiten eher bescheiden. Vom Kraftwerk ist Abstand zu halten (mindestens 50 m).
Klares Wasser trifft man im oberen Teil des Salzastaus an, wo immer eine leichte Strömung herrscht. Hier leben Forellen und Äschen. Große Flachstellen mit vielen Kleinlebewesen markieren den Übergang in das eigentliche Staubecken.

30. Die Salza-Wildwasser
Seehöhe: 500–660 m; max. Tiefe 2 m

Die Salza ist ein wildromantisches Gewässer, das unter Kajakfahrern sehr beliebt ist. Sie gilt ohnehin als Österreichs Wildwasser-Fluß Nr. 1. Wer Flußtauchen liebt, wird hier über große Strecken fantastische Eindrücke erleben. Viele Fische stehen in Gumpen und Stromschnellen. Fotografieren ist etwas schwierig, weil die Strömung ziemlich reißend ist. Ein Gehäuse kann man zwar mitnehmen, doch sollte man die Nikonos bevorzugen.
Im Ort Wildalpen befindet sich ein herrlich gelegener Campingplatz für Taucher und Kajakfahrer. Zeltmöglichkeiten ergeben sich auch in Palfan. Eine weitere Campingmöglichkeit befindet sich am Paddlerausstieg „Weiberlauf". Da die Salza nach starken Niederschlägen zu einem reißenden Inferno

Wildromantisches Tauchen im Salza-Stausee (oben).

Die Salza ist Österreichs Kajak- und Raftingfluß Nr. 1 (links).

*Berge und Wasser –
die steirischen Träume.*

anschwellen kann, sollten bei Schlechtwetter Informationen im Gasthaus „Reiflingerhof" in Großreifling (Tel. 03633-303) eingeholt werden.
Auf Großteilen des Flusses ist ein Ausstieg nicht möglich, die Wände fallen fast senkrecht in die Tiefe. Am Ende der Schnorchelstrecke taucht ein Wehr auf. Das aufgestaute Wasser wird dann etwas tiefer. Das Wildwasser muß 100 m vor der Staumauer verlassen werden. Es besteht Lebensgefahr wegen der Sogwirkung an den Ansaugschächten. Hinter dem Wehr kann noch ein kurzes Stück weiter geschnorchelt werden, das Wasser wird aber etwas trübe.
Die Wildwasser der Salza sollten nur mit einem dicken Tauchanzug (6–7 mm) durchschwommen werden, einerseits wegen der Kollisionsgefahr mit Fels-brocken, andererseits wegen der niedrigen Wassertemperatur, die auf der kilo-meterlangen Strecke an der Kondition zehrt. Ideale Zeit ist der Hochsommer.

31. Spechtensee
Seehöhe: 642 m; max. Tiefe 16 m

Das Gewässer ist idyllisch bewachsen mit vielen weißen Seerosen und gilt als Moorsee mit geringer Heilwirkung. Der Zutritt ist stellenweise wegen des schlammigen Ufers etwas schwierig. Leider besteht nur eine geringe Sicht (2–3 m), Flora und Fauna sind aber gut entwickelt. Krebse, Hechte, Barsche, Weißfische und viele Pflanzen warten auf Weitwinkel- und Fisheyefotografen. Ausgeprochen warm (im Sommer bis 24 °C) ist das Wasser. Parkplätze befinden sich an der „Spechtensee-Gaststätte".
Die Anfahrt erfolgt von Bad Mitterndorf (von Bad Aussee kommend) weiter bis Tauplitz. An der Kreuzung mit Schild „Wäschachwald" muß man abbiegen und den Hinweisen „Spechtensee" folgen (ca. 11 km von Kreuzung). Bestes Fotolicht gibt es ab 14.00 Uhr. Zu empfehlen sind Modellaufnahmen mit Seerosen. Im Sommer trüben viele Badegäste das Wasser, dann herrscht in den Badezonen Null-Sicht. Eine kleine Jausenstation mit Kuchen, Almdudler und Würstchen erfreut Kleinkinder und hungrige Taucher.
Achtung: Der Parkplatz ist an sonnigen Wochenenden bereits ab Mittag belegt!

32. Teufelssee
Seehöhe: 1.090 m; max. Tiefe 30 m

Ausgangspunkt ist der Hartlsee. Von dort müssen Sie nochmals gut 4 Stunden durch eine Hochgebirgswildnis von atemberaubender Schönheit wandern. Der Weg zum Teufelssee ist nicht markiert, Sie können sich nur auf Wander-karte, Kompaß und Ihren Orientierungssinn verlassen. Fast zwei Stunden kämpft man sich durch ein Latschengewirr zum See vor. Das unbezeichnete Steiglein ist bei Nebel und im hohen Gras kaum zu sehen. Überliefert ist, daß früher selbst Waldarbeiter und Forstbeamte den See oft nicht gefunden haben.

Naturfreunde sprechen vom romantischsten Bergsee der Steiermark. Sein dunkelgrünes Wasser liegt eingebettet zwischen riesigen Felsblöcken in einer urwaldähnlichen Landschaft. Eine Felswand stürzt im Süden senkrecht in den See. Weltabgeschieden und unberührt taucht man hier zwischen bizarren Schleimalgen und Felsabbrüchen.

Das Seebecken selbst bildet den tiefsten Punkt eines abflußlosen Tales, das von über 500 m hohen Bergen umgeben ist. Der Wasserspiegel des Teufelssees unterliegt starken Schwankungen. Noch Mitte der 70er Jahre lag er gut 6 m höher als heute. Betroffen davon ist dadurch auch seine Ausdehnung, die zwischen 150 m und 200 m Länge wechselt. In regenreichen Jahren füllt sich der See weitgehend auf. Man vermutet, daß sein Wasser zur Schreieralm wegsickert. Die Unterwasserwelt ist kärglich, nur wenige Pflanzenfragmente sind vorhanden, aber die Uferregion wird bei Hochwasser überspült und verzuckert dann unter Schleimalgen. Das Wasser ist eiskalt, ein Trockentauchanzug ist empfehlenswert, aber es tut auch ein dicker Nasser. Denken Sie an die Schlepperei mit dem vielen Blei.

Zwischen gigantisch und saumäßig schwankt die Sicht. Nach langen Regenfällen und starkem Schmelzwasserzufluß sind es nur wenige Meter – doch taucht man in einem grün-transparenten Universum, wenn man eine Trockenperiode erwischt.

Ein Mysterium bleibt seine Tiefe. Hartnäckig schwören Waldarbeiter und Bauern, daß er entgegen aller Schätzungen und Messungen über 100 m tief sein soll.

Vermeiden Sie unter allen Umständen Deko-Tauchgänge. Hier oben gibt es bei Fehlverhalten keine Rettung!

33. Der Türnsee
Seehöhe: 1.230 m; max. Tiefe 3 m

Beginnen Sie den Aufstieg von Rotmoos. Er ist beschwerlich und führt über eine teils weglose, aber wildromantische Gegend. Einige Steigen zwischendurch erfordern gute Kondition, auch wenn man nur die Schnorchelausrüstung und die Nikonos bei sich hat. Decken Sie sich mit gutem Kartenmaterial ein, leicht kann man sich verlaufen.

Der Türnsee liegt in eine flache Mulde eingebettet; zu sehen ist er vom Riegelskar aus. Er ist ca. 60 m lang und 30 m breit, seine mittlere Wassertiefe schwankt je nach Regenzufluß und Schneeschmelze. Das Seebecken ist abflußlos und leicht oval, der Seeboden besteht aus Fels und Schlamm. Pflanzen gibt es nur vereinzelt, schönen Algenbewuchs im Sommer. Das wildromantische Panorama, in dem der Türnsee wie eine Glasperle schimmert, wird unterstrichen durch umgestürzte Baumriesen, Bruchholz, Schotter- und Gesteinsschutthalden sowie aufragende Felswände. Auch im See liegen einige Sturmhölzer, die in dem klaren Wasser (Sicht bis 10 m) wie riesige Mikadostäbchen aussehen. Ansonsten herrscht Kahlheit vor, Fische gibt es keine. Im Frühsommer tummeln sich viele Amphibien und Wasserinsekten im Wasser. Je nach Fitneß und Bergerfahrung ist man bis zu 3 Stunden unterwegs. Ein See für Individualisten und Wandervögel.

34. Der Wienerbruck-Stau
Seehöhe: 820 m; max. Tiefe 8 m

Wenn man von Mitterbach nach Annaberg fährt, stößt man auf den Wienerbruck-Stau bei der Ortschaft Wienerbruck. Das Wasser ist etwas moorig, die Sicht beträgt deshalb nur 2–3 m.
Am Grund breiten sich große Schlammfelder aus, gelegentlich von versunkenen Bäumen unterbrochen. Die Uferzonen sind teilweise von interessanten Pflanzen bewachsen, große Felsen lockern die Unterwasserlandschaft auf.
Es gibt zwar zahlreiche Fische (Hechte, Aitel, Zander und Rotaugen), doch bekommt man sie aufgrund der mäßigen Sicht nur sporadisch zu sehen. Nachts ist es besser, man spürt dann auch Kleintiere auf. Fotografen sollten das Blitzlicht wegen der Trübstoffe etwas verhalten einsetzen.
Vorsicht: Man kann sich aufgrund der mäßigen Transparenz in den Ästen der Bäume verfangen!

35. Der Zenzersee
Seehöhe: 740 m; max. Tiefe 3 m

Besitzer Rudolf Zenz hat den künstlichen See bereits in den siebziger Jahren angelegt. Der Schotterteich hat im Sommer Wassertemperaturen zwischen 24 und 26 °C. Er ist daher zum Baden mit Kleinkindern hervorragend geeignet. In unmittelbarer Nähe des Sees befindet sich ein Reitstall mit Haflingern und Ponies.

Der Zutritt ist geführenpflichtig, eine gepflegte Liegewiese mit Kiosk und Jausenstation lädt zum Verweilen und Ballspielen ein.

Aufgrund günstiger Einfallwinde wird der Zenzersee von vielen Surfern frequentiert. Beim Auftauchen ist darum etwas Vorsicht geboten. Wasserpflanzen stehen an einigen Stellen bis zur Oberfläche. Amphibien, Kaulquappen und Libellenlarven sind dankbare Objekte für Makrofans.

Neben Forellen, Karpfen und Schleien befinden sich auch viele Groppen im See. Mit den Sichtweiten ist es im Hochsommer, wenn häufig gebadet wird, nicht weit her. Man taucht dann besser zu etwas versteckten Stellen, an denen man ungestört fotografieren und filmen kann.

Fahren Sie das Tragößtal hoch bis nach Pichl-Großdorf. Dort sind schon die ersten Hinweisschilder.

Tauchschulen und Füllstationen in der Steiermark

Sporting Krottmayer
Helmut Krottmayer
Janzgasse 21
A-8021 Graz
Tel. 0316-572122
Fax 0316-572735

Tauchausbildung
Hans Perwein
Popelka-Ring 178
A-8045 Graz
Tel. 0316-6931003

Tauchsport Art
Gerhard Hochl
Alte Poststr. 306
A-8053 Graz
Tel. 0316-2716480
Fax 0316-2716483

Tauchzentrum Austria
Willi Fladerer
Edelsbach 82
A-8063 Eggersdorf
Tel. 0663-33843

Tonis Tauchschule
Anton Ungerböck
Erlaufseestr. 73
A-8630 St. Sebastian
Tel. 0663-889192

Tauchprofi
Karl Reiter
Turngase 78
A-8700 Leoben
Tel. 03842-24054

Tauchclub Spielberg
Adolf Sommer
Marktpltz 6
A-8724 Pausendorf
Tel. 03512-72159

Tauchausbildung
Erwin Fasching
Südtirolerstr. 43
A-8750 Judenburg
Tel. 0663-836030

Tauchausbildung
Ute Reiter
Adalbert-Stifter-Gasse 11
A-8750 Judenburg
Tel. 03572-2349

Harrys Tauchschule
Harry Teltschik
Neukoglerweg 2
A-8630 St. Sebastian
Tel. 0663-60474

Tauchsport Adria
Josefigasse 3
A-8020 Graz
Tel. 0316-913768

Willis Tauchschule
Wilhelm Künstner
Quergasse 5
A-5605 Kapfenberg
Tel. 03862-22119
Fax 03862-26072